未来ビジネス図解

これからの
デザイン思考

小山田 那由他 著

DESIGN THINKING

はじめに

　「デザイン思考」という言葉は、いつかなくなるべきものです。なぜならそれは、誰かの役に立ちたい、創造性を発揮して課題を解決したいと願うすべての人に、特別なものとしてではなく日々あたりまえに使われるべきものだからです。

　現代は、環境問題や経済のグローバル化、テクノロジーの発展、価値観の多様化、多様な人々の包摂など、さまざまな要因によって不確実性が高く未来が見通せません。解決すべき明確な課題は少なくなり、多くの人に求められるものをより多く安価に届ける、といったビジネスは徐々に成り立たなくなってきています。そのため、これまでにない新しいビジネスをつくる方法論が求められています。その方法の1つが「デザイン思考」です。実際に、国内外の民間企業や行政組織でサービス開発や改善にデザイン思考を取り入れる動きが活発化しています。

　一方で「うまく活用できない」という意見や「デザイン思考の次は何だ?」という声が増えてきたようにも思います。デザイン思考は、プロセス通りにやれば答えが出るような"魔法の公式"ではなく、「ヒトに寄り添い課題を見つけ、創造的に課題を解決するもの」です。このようなアプローチは、どう呼ぶか、どんなものか、よりも「どう行うか」が重要です。そしてこのような「どう行うか」という実践的な視点からの情報は意外に少ないのではないか、と考えるようになりました。

　そこで本書では、「デザイン思考」を理解し、利用したいと考える方のために、なるべくわかりやすく、実際に取り入れるための行動へとつなげられるような情報をご紹介します。まず「PART1 デザイン思考とはなにか」では、デザイン思考の概要、目的、方法を概観します。次に「PART2 デザイン思考のケーススタディー」でさまざまな領域の製品・サービスを取り上げ、事例を通してデザイン思考の実践に役立つヒントを考察します。最後の「PART3 デザイン思考の実践に向けて」で、日々の業務にデザイン思考を取り入れるために、デザイン思考を取り巻く状況や取り組み方をご紹介します。

　「デザイン思考」に関してはすでに多くの書籍や研究文献があり、新しく述べるべき情報はないといってよいかもしれません。しかし、豊富な図解と共に実践的視点から改めてご紹介することには価値があると考え、本書を執筆しました。

　本書が読者の皆さんの創造的な課題解決——新しいサービスを生み出しよりよい社会をつくること——の一助となることを願っています。

株式会社コンセント　サービスデザイナー／コンテンツデザイナー

小山田 那由他

デザイン思考は、価値あるモノゴトの「考え方」です。いま社会は、その力を持つ人を必要としています。

デザイン思考は
課題解決のための汎用ツールです

「デザイン思考」は「デザイナーの考え方」や「デザイナーのための考え方」ではなく、誰もが利用できるよう整理されたプロセスやメソッドです。そのおもな目的は、ヒトのために何をすべきかをそもそもから考えることと、創造的に新しい解決策を考えることです。プロセスやメソッドはあくまでも考えやすくするためのガイドラインです。考え方を身に付ければ大きな社会課題から小さな目の前の困りごとの解決にまで、どんなときでも役立てることができます。

デザイン思考は
共創のための共通言語です

先が見通せない現在の不確実な社会では、答えのない問題をどのように解決していくかを考えなければなりません。そのためには、異なるタイプの知識や能力を持った人々と協力し、共に解決策をつくっていく必要があります。デザイン思考で整理されたプロセスやメソッドは、このような多様な人々と共創し、新しいアイデアを実現するための共通言語となります。

いまの社会は先が見通せない不確実な社会です。
デザイン思考は、この状況を切り開くために役立つ考え方です。
繰り返し実践することで、どんなときでも役立つあなたの力になっていきます。

デザイン思考はヒトに寄り添い
そもそもから考えます

　デザイン思考という考え方には、いくつかのフレームワークや数多くのメソッドがあります。しかしデザイン思考を使ってやるべき最も重要なことは、ヒトに寄り添ってそもそもから考えることです。あるサービスの使いやすさを改善する場合であれ、社会課題を解決する新しいサービスを考えるためであれ、そこには人が関わります。人々が置かれた状況や考えていること、感じていることを知り、何が本当の問題なのかをしっかりと考えていきます。

デザイン思考は繰り返し
つくって試しながら考えを深めます

　デザイン思考ではこれまでにない新しいモノゴトを、プロジェクトメンバーやユーザーなどの多くの関係者と共に考えます。協働作業をする人々が共通認識を持ち、建設的に検討を進められるようにするため、構想した新しいモノゴトをできる限りすばやく試作品（プロトタイプ）として具体化します。また、ユーザーを巻き込んで、検討しているモノゴトに本当に価値があるのか、使ってもらえるのかなどをテストし早期に改善を繰り返し実現を目指します。

目次

PART2　デザイン思考のケーススタディー

PART3 デザイン思考の実践に向けて

PART

1

デザイン思考とは
なにか

SECTION 01

そもそも「デザイン」とは
「ヒトに寄り添った創造的な課題の解決」だ

一般的に、意匠性の高いものを"デザインされたもの"と呼ぶ傾向があります。
しかし、「デザイン」とは広い意味では、ヒトのことを考えた課題の定義と
その課題の創造的な解決を目指すための考え方を意味します。

◆「デザイン」が指す意味は幅広い

「デザイン」という言葉を聞くと、自然に思い浮かべるのは、ポスターやファッション、家電製品などで、とくに色や形、形態に高い意匠性のあるものではないでしょうか。「デザイナーズブランド」や「デザイン家電」のように、とくにデザインという言葉が強調されたジャンルもあります。

しかし広い意味としてはデザインという行為は「ヒトに寄り添った創造的な課題の解決」を行うものであり、「意匠性の高さ」は解決策の1つの側面でしかありません。

デザインの語源となったのはラテン語の"designare"。「計画を記号に表す」という意味です。もともとの言葉の意味としても何らかの課題の解決を計画し、それを表現するという2つの側面が含まれているといえます。

最初に挙げたポスターやファッション、家電製品でも、よいデザインは意匠性の高さだけではなく、解決すべき課題がデザイナーによって定義されている

といえるでしょう［01］。いくつか例を挙げてみます。

"見た目"以外の課題を解決した事例

たとえば、亀倉雄策氏による1964年の東京オリンピックのポスター。力強い表現で日本国内に対して自信と誇りを持たせ、海外に対しては戦後の日本の復興をアピールし、オリンピックの成功に向けて、「どのように国内外のステークホルダーとコミュニケーションを取るべきか」という課題に1つの解を示したといえるでしょう。

ファッションブランドCHANELの創業者であるココ・シャネルは、ファッションデザインを通して「どうすれば女性の社会進出を助けられるか」という課題に対して、装飾過剰で機能性の低い女性の服に新しい素材やスタイルを取り入れるという解決策を選びました。

そして、日本発のイノベーションの象徴ともいえ

るソニーのウォークマンは、「どうすれば音楽に夢中な若者に常に音楽と過ごす暮らしを提供できるか」という課題に対して、「テープレコーダーから録音機能を省き、ヘッドフォンを付ける」という固定概念に縛られない解決策を提示しました。

従来から、よいデザインはその時代の人々が抱える課題をしっかりと捉え、それに応じて創造的な解を示してきました。デザイン思考で扱われる「デザイン」とはこのような活動です。そのような場合に意匠性の高さは重要な要素の1つですが、唯一の特徴ではありません。誤解してはいけないのは、色や形、形態を生み出す行為は今も変わらず重要であり、昨今の「デザイン思考」においても随所でそのアプローチを活用します。重要なのは、ヒトへの理解、課題の定義、創造性高く解決策を構想すること、形づくること、このすべてをバランスさせることです。

後ほどのパートでも紹介しますが、このようなデザインのアプローチが「デザイン思考」として興味、関心を集めている背景には、複雑で変化のスピードが速く、人々の価値観も多様化している現代社会においては、正解は明らかではなく、ましてや課題さえも簡単には定義できないという状況があります。なぜなら、このような状況では、これから向き合うべき課題が何か、どのように解決していくのかを、さまざまな人々が協力して取り組む必要があるからです。そのための共通言語が「デザイン思考」です。

GOOD DESIGN

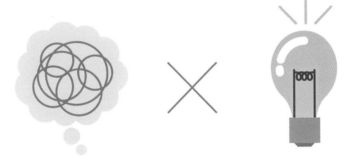

デザインとは色や形だけではなく、ヒトに寄り添い課題を見つけ、創造的に課題を解決するもの

[01]　よいデザインとは

SECTION 02

デザイン思考のプロセス

課題解決を行うためのデザイン思考のプロセスとはどのようなものなのか、
代表的なデザイン思考のフレームワークの1つである
「ダブルダイヤモンドプロセス」を例に説明します。

◆ ダブルダイヤモンドプロセスとは

　デザイン思考は、多様な人々が協働してクリエイティブな解を出すための共通言語として機能するものです。"共創"のために、どのようなことを行うのかを一連のプロセスを通して紹介します。ここでは、デザイン思考の主要なフレームワークの1つである「ダブルダイヤモンドプロセス」を例に説明します[01]。

　ダブルダイヤモンドプロセスは、イギリスの公的機関であるデザインカウンシルによって提唱されました。デザインカウンシルは、イギリスの経済復興のために、1944年にウィンストン・チャーチルの戦時政府によって設立された組織です。もともとイギリスの製品生産活動の改善をあらゆる手段で行うという目的を掲げていましたが、市場環境の変化に対応し、デザイン思考を使ってさまざまな領域でイノベーションを創出するために、2004年にこのダブルダイヤモンドプロセスを策定したのです。

　現在では、多くの企業や欧米の行政組織がこのフレームワークを使って多種多様な課題解決に取り組んでいます。なお、ダブルダイヤモンドプロセスは2019年にいくつかの観点を追加しアップデートされています（P.18参照）。

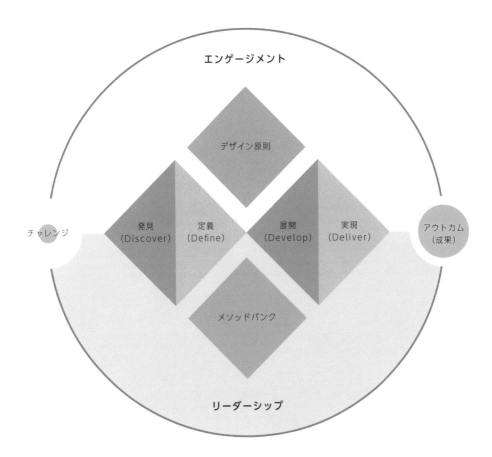

代表的なデザイン思考のフレームワークの1つ「ダブルダイヤモンドプロセス」
出典：デザインカウンシル「The Double Diamond（https://www.designcouncil.org.uk/sites/default/files/asset/document/Double Diamond Model 2019.pdf）」をもとに作図

[01] ダブルダイヤモンドプロセス

◆2つのダイヤモンド―課題の定義と解決策の実現

このフレームワークはダブルダイヤモンドの名前通り、ひし形が2つ並んだ形をしています。それぞれのダイヤモンドは、「課題の定義」と「解決策の実現」を表しており、課題解決のためにこの2つのプロセスを行います[02]。

1つ目のダイヤモンドである「課題の定義」プロセスでは、まずはじめにさまざまなリサーチを行い、できる限りの情報を集めます。そして集めた情報を整理・分析し、ステークホルダーマップやペルソナ、カスタマージャーニーマップ（P.30参照）といった情報を視覚的に表現する資料を作成して、顧客像や業務プロセスをどのような視点で捉えるべきかを検討します。このような資料を利用し、領域横断的な

メンバーでワークショップなど共創的なプロセスを実施して取り組むべき課題を定義していきます。

2つ目のダイヤモンドである「解決策の実現」プロセスでは、定義した課題に対して適切な解決策を見つけ出すために、まず数多くのアイデアを出し、試作品をつくります。そしてユーザーからフィードバックを受け改善を行うプロセスを何度も繰り返してアイデアの実現を目指します。こちらのプロセスでも多様なメンバーによって多面的な視点から、できるだけ数多くの解決策を考えたうえで最適なアイデアを絞り込んでいくことが重要になります。

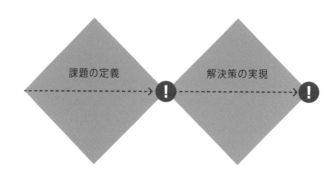

1つ目のダイヤモンドでは取り組むべき課題を決め、2つ目のダイヤモンドで解決策を実現する

[02] 「課題の定義」と「解決策の実現」

◆ダイヤモンド型の秘密—拡散的思考と収束的思考

それぞれのダイヤモンドの広がっていく部分は、さまざまなリサーチや検討を行い、思考の幅を広げていくプロセスを表しています。閉じていく部分は、検討内容を絞り込んでいき、思考の幅を狭めていくプロセスを表しています[03]。前者を「拡散的思考」、後者を「収束的思考」と呼びます。

ダブルダイヤモンドプロセスの全体では、このように大きく2回、拡散と収束を繰り返すことが重要視されています。とくに、取り組むべき課題を前提として置かず、リサーチを通し課題を定義することが重要です。そのために一般的には、ユーザーリサーチを通してユーザーの置かれた状況や潜在／顕在ニーズを把握し、ユーザー中心視点で取り組むべき課題を定義するところからスタートします。

ユーザー中心にきちんと課題を定義することで、ユーザーが実際に享受できる価値が何なのかを見据えながら、これまで思い付かなかったような新しい視点から課題を捉え直すことができる可能性が高まります。

イノベーションの創出という正解のない取り組みでは、極端にいうと取り組むべき課題や解決策は「やってみなければわからない」ものです。そのため、このような2回の拡散と収束のプロセスを実施し、不確実性をマネジメントしながら新しいモノゴトを考えることが推奨されているのです。

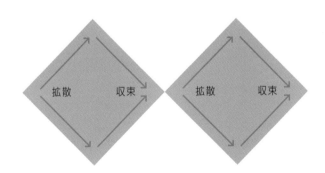

拡散と収束を2回繰り返すことで、正解のない課題に取り組む際の不確実性を可能な限りマネジメントする

[03] 拡散的思考と収束的思考

◆ダブルダイヤモンドの4つのフェーズ

それぞれのダイヤモンドは縦に二分割されており、左から順番に発見（Discover）、定義（Define）、展開（Develop）、実現（Deliver）という、そもそもから考えて、アイデアを実現するまでの具体的なフェーズを表しています[04]。

このようにするとプロセスを順番に実施していくことで正解が導き出されるように見えますが、デザイン思考はイノベーション創出のために、あくまでも新しい視点からの課題定義と新しい解決策の策定を支援するためのプロセスなので、実施したとしても必ずしも最適な結果が得られるわけではありません。

ユーザー調査などを実施して得た一次情報をもとにステークホルダーが十分なインサイト（気付き）を得ていること、その結果をもとにこれまでになかった新しい解決策を思い付いていることなどが、次のフェーズに進む条件になります。これらが満たされていない場合は、予算や期間の許す限り前のフェーズから再度検討を行う必要があります。

さらにイノベーティブなアイデアは構想だけでは賛否両論になることが予想されます。そのため、最終的には何らかの形で構想を実現し、継続的にユーザーのフィードバックを受けながら、価値あるサービスにアップデートしていくことを目指します。

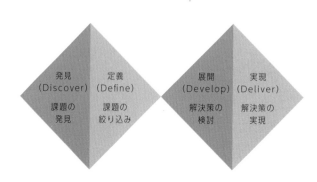

ダブルダイヤモンドプロセスは、基本的に発見、定義、展開、実現という4ステップで進む

[04] ダブルダイヤモンドの4つのフェーズ

◆各フェーズの考え方

①発見（Discover）フェーズ

1つ目のフェーズである「発見」では、新しい視点から課題を定義するためにリサーチによって必要な情報を収集します。

デスクリサーチや定量調査、定性調査など、必要に応じてさまざまなリサーチを行います。とくに定性的なユーザーリサーチを行い、ユーザーの置かれた環境や潜在／顕在ニーズを捉えて、ユーザー中心視点で新しい観点から課題を定義することを目指します。

このフェーズでは、プロジェクトメンバーで情報を共有し検討するために、ペルソナやカスタマージャーニーマップ（P.30参照）、価値マップ（P.31参照）といった視覚的な資料を作成しリサーチから得られた情報の整理を行います。また、解決策を検討するために、ターゲットとするユーザーのイメージや置かれた状況などをモデル化していきます。

②定義（Define）フェーズ

2つ目のフェーズである「定義」では、リサーチ結果をもとに取り組むべき課題を定義し、解決策を検討していくための方針を決めます。

発見フェーズで作成したカスタマージャーニーマップなどの視覚化資料を用いて多様なメンバーでワークショップを行います。

ときには組織の意思決定者やユーザー自身など、プロジェクトメンバー以外にも重要なステークホルダーを巻き込みながらプロセスを進行することがあります。

③展開（Develop）フェーズ

3つ目のフェーズである「展開」では、定義した課題や解決方針にもとづいて解決策を数多く検討します。

ワークショップ形式でブレインストーミングを行うなど、「質より量」を優先して、できるだけ数多くのアイデアを出すことを目指します。

発見フェーズで作成したカスタマージャーニーマップなどの視覚化資料をアップデートし、理想とするユーザー体験を具体的に検討したり、プロトタイプを作成して抽象的なアイデアを具体化したりしていきます。

④実現（Deliver）フェーズ

4つ目のフェーズである「実現」では、展開フェーズで検討されたアイデアを製品・サービスとして実現することを目指します。

プロトタイプを使ったユーザーテストを行い、フィードバックを得て改善をするというサイクルを繰り返すことで、アイデアの強度を高め、最終的に製品・サービスのリリースを目指します。

製品・サービスをリリースしたあとは、市場からのフィードバックやユーザーの満足度を継続的に評価し、改善を繰り返していきます。

実際に市場の反応を得て開発継続可否判断などを行うためにユーザーに対して価値を生み出せる必要最低限のサービスが何かを特定し、MVP（Minimum Viable Product）（P.82参照）と呼ばれるサービスの構築を行うこともあります。

SECTION 03

いろいろな角度から
デザイン思考を捉える

デザイン思考のフレームワークは、ダブルダイヤモンドプロセスだけではありません。

そのほかにもいくつかのフレームワークがあります。

いずれも重要な点は共通していますが、それぞれの違いを理解しておきましょう。

◆ダブルダイヤモンドプロセスのアップデートについて

　SECTION 02で説明した通り、ダブルダイヤモンドプロセスは、イギリスの公的機関デザインカウンシルが策定したデザイン思考のフレームワークです。課題の定義と解決策の実現のそれぞれを拡散的思考と収束的思考によって考えることを表しており、プロセスは発見（Discover）、定義（Define）、展開（Develop）、実現（Deliver）の4つで構成されています。

　このダブルダイヤモンドプロセスは、2019年に「エンゲージメント」と「デザイン原則」、「リーダーシップ」と「メソッドバンク」という4つの要素を追加してアップデートされました[01]。また、図中に非線形のプロセスであることを示す矢印が追加されています。これらはもともとのダブルダイヤモンドプロセスを組織的に継続的に、よりよく実践するために追加されたいくつかの観点といえるでしょう。これらの変更点はデザイン思考を活用していくうえで重要なポイントになりますので、ダブルダイヤモンドプロセス以外のフレームワークの前に以降①〜③で詳しく紹介します。

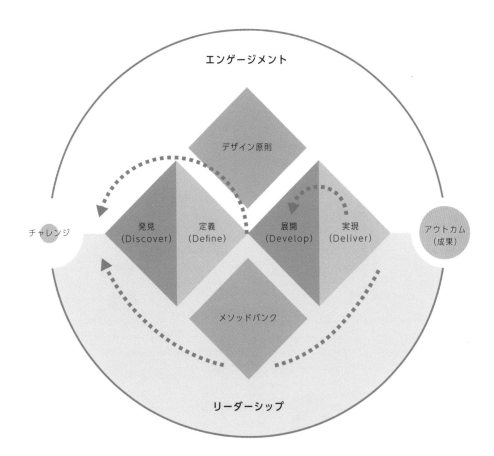

ダブルダイヤモンドプロセス
出典：デザインカウンシル「The Double Diamond（https://www.designcouncil.org.uk/sites/default/files/asset/document/Double Diamond Model 2019.pdf）」をもとに作図

[01] ダブルダイヤモンドプロセス

◆アップデート要素①デザイン原則

アップデートされたダイヤモンドプロセスの要素の1つである「デザイン原則」には、下図に挙げた4つの原則が定められています[02]。

これらは、サービスに関係するさまざまなユーザーと彼らのニーズや強み、願望を理解するところからスタートし、視覚的に課題とアイデアについて表現し共通認識を得られるようにコミュニケーションすることを提言しています。

また、協働作業を通して、多様な人々と共創関係を築き、とにかくアイデアを具体化し繰り返し検証することを推奨しています。

①Be People Centred

サービスに関わるさまざまな人々を第一に考えなさい

**②Communicate
(Visually＆Inclusively)**

視覚的かつ包摂的にコミュニケーションしなさい

③Collaborate＆Co-Create

コラボレーションし共創しなさい

④Iterate, Iterate, Iterate

とにかく繰り返しつくって試しなさい

ダブルダイヤモンドプロセスを推進するための4つの原則

[02] 4つのデザイン原則

[03] メソッドバンクの３つの分類

1　**Explore（探索する）：**
挑戦することやユーザーのニーズ、改善機会

2　**Shape（形づくる）：**
プロトタイプやインサイト、ビジョン

3　**Build（構築する）：**
アイデアや計画、専門性

メソッドバンクの３つの分類。多様なメソッドをシンプルに整理している

◆アップデート要素②メソッドバンク

「メソッドバンク」とは、課題を特定し成果をあげるために役立つデザイン手法のポートフォリオを作成し、管理・適用するものです。メソッドは整理分類され、デザインプロセスのなかで活用されます[03]。

デザインカウンシルは、デザイン思考を推進するためのさまざまな取り組みを、Explore（探索する）、Shape（形づくる）、Build（構築する）の3つに分類しています。

デザイン思考のプロセスは、リサーチやその結果をカスタマージャーニーマップなどで視覚的に表現すること、実現に向けてプロトタイプをつくりユーザーテストを繰り返しながら実装するなど、多様なメソッドが関わります。

さらに、これらを使って成果をあげるために関係するメンバーのマインドセットやスキルセットを変えていくことも求められます。このようなものを網羅しつつ、できる限りシンプルに3つに整理しているのが、「メソッドバンク」といってもよいでしょう。プロセスの性質として何度も繰り返すことが重要なため、このようにメソッドを整理しすぐに使える状況にしていくことは非常に大切です。

◆アップデート要素③エンゲージメントとリーダーシップ

アップデートされたダブルダイヤモンドプロセスの最後の要素が、「エンゲージメント」と「リーダーシップ」です[04]。

「エンゲージメント」は、4つの原則をもとにデザイン思考のプロセスを共創的に推進するために必要な要素です。点と点を結び、それぞれ異なる視点を持つ市民やステークホルダー、パートナーとの関係を構築することと定義されています。デザイン思考はさまざまな人々との共創を前提としたプロセスのため、ステークホルダーをいかにプロセスに巻き込みよりよくコミュニケーションするかが重要になります。

「リーダーシップ」は、組織文化やスキルセット、マインドセットの変化を含めたイノベーションを起こすための環境づくり、と定義されています。イノベーションはこれまでにない視点で解決策を試していくプロセスのため、チャレンジを許容し促進していく環境があるかどうかが重要になります。たとえば、企業内で有志のメンバーが実験的にデザイン思考のプロセスを実施することはもちろん重要ですが、その結果を評価しチャレンジを促進する環境がなければ、実現まで継続して取り組みを続けていくことは難しいでしょう。

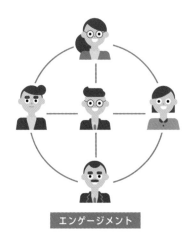

エンゲージメント

リーダーシップ

エンゲージメントとリーダーシップのイメージ。いずれも組織においてデザイン思考を推進していくために重要な要素

[04] エンゲージメントとリーダーシップ

◆ その他のフレームワーク：デザイン思考プロセス

　ここから、ダブルダイヤモンドプロセス以外のデザイン思考を紹介します。「デザイン思考プロセス」（Design Thinking Process）[05] は、ダブルダイヤモンドと同様にデザイン思考を代表するフレームワークの1つで、米スタンフォード大学 Hasso Plattner Institute of Design（通称 d.school）が策定しています。

　ドイツのシステムインテグレーター企業SAPの会長だったハッソ・プラットナー氏が Harvard Business Review のデザイン思考の記事を読み、約39億円におよぶ私財を寄付して国際的なデザイン会社、IDEO創業者のデビッド・ケリー氏と共にスタンフォード大学に d.school を設立しました。

　デザイン思考プロセスはもともと、d.school の創業に関わったIDEOが人とモノやコトとの相互の関係性をデザインする際に行われていた活動をもとに、フレームワークとして整理されたものです。

　プロセスの形としてはリニアに順番通りに進むように見えますが、d.school によって必要に応じてプロセスのどこから始めてもよいことが補足的に説明されています。

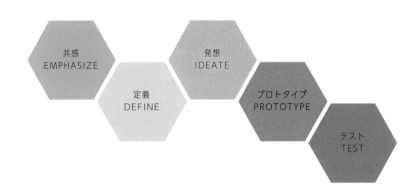

米スタンフォード大学 d.school が提唱するデザイン思考プロセス
出典：d.school「design thinking bootleg（https://static1.squarespace.com/static/57c6b79629687fde090a0fdd/t/5b19b2f2aa4a99e99b26b6bb/1528410876119/dschool_bootleg_deck_2018_final_sm+(2).pdf）」をもとに作図

[05] Design Thinking Process Diagram

　デザイン思考プロセスは、共感（EMPHASIZE）、定義（DEFINE）、創造（IDEATE）、プロトタイプ（PROTOTYPE）、テスト（TEST）の5つのフェーズで構成されています。それぞれのフェーズでは下図のようなタスクを実施します[06]。

　最初のフェーズに「共感」という言葉が当てられているように、ユーザー調査を実施し、ユーザーの主観的なものの見方を理解し問題の定義を行うこと

を強調しています。

　また、新しい解決策をつくり出すために繰り返し試作とテストを行っていくことをプロトタイプ、テストというフェーズを設けることで強調しています。これらのプロセスを通して実施することは、ダブルダイヤモンドプロセスと大きく変わりません。フレームワークとして強調する部分が異なっているだけなのです。

①共感（EMPHASIZE）
インタビューを実施する／感情を明らかにする／物語を探す

②定義（DEFINE）
人間中心の問題定義をリフレームし創造する／意味のある驚きと緊張を特定する／インサイトを呼び起こす

③創造（IDEATE）
ラディカルなアイデアをブレインストーミングする／他人のアイデアに乗っかる／判断保留

④プロトタイプ（PROTOTYPE）
粗いオブジェクトと体験を作成する／コンテキストと主要な機能を理解するためにロールプレイする／考えて学ぶためにすばやくつくる

⑤テスト（TEST）
顧客とテストしてソリューションを改善し、データを収集する／より深い共感を得る／失敗を受け入れる

デザイン思考プロセスの各フェーズで実施すること
出典：d.school「Design Thinking Process Diagram (https://dschool.stanford.edu/s/dschool_ProcessHexDiagram_Tool_Behaviors_final_2019.png)」をもとに著者訳

[06] デザイン思考プロセスの5つのフェーズ

[07] 人間中心設計プロセス

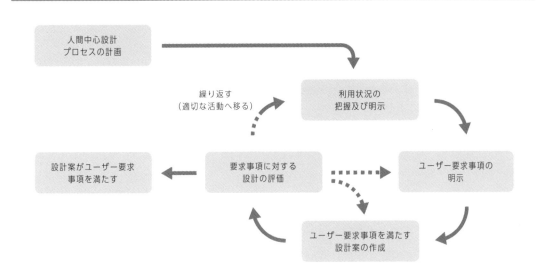

出典：「人間工学－インタラクティブシステムの人間中心設計(JISZ8530)」をもとに作図

◆ その他のフレームワーク：人間中心設計（HCD：Human Centered Design）

シンプルにいうと、「人間中心設計」（HCD：Human Centered Design）は、ISOおよびJISで定義されている、使いやすいインタラクティブシステムをつくるための規格です[07]。

JIS規格では「システムの使用に焦点を当て、人間工学及びユーザービリティの知識と手法を適用することによって、インタラクティブシステムをより使えるものにすることを目的としたシステムの設計及び開発へのアプローチ（JISZ8530）」と定義されています。ここでの「システム」は人が利用するさまざまな製品やサービスを含む概念と解釈してください。

人間中心設計の定義

人間中心設計における「人間」という語は、いわゆるエンドユーザーだけではなく、システムに関係する利害関係者（ステークホルダー）への影響を考慮するという意味で利用されています。そのため、エンドユーザーを一次ユーザーとして、サービスの提供に関わるサービス提供者側などのユーザーも二次ユーザーとして考慮することが理想です。

また、人間中心設計は「インタラクティブシステム」を開発するためのプロセスと定義されていますが、この場合のインタラクティブシステムとは、

ウェブサイトやアプリケーション、携帯電話やバンキングシステムなどといったものを含む、ユーザーと相互にやり取りをするもの、という広い意味で使われています。

円形に循環するプロセスが中心となっており、これまでに紹介したほかのフレームワークに比べて、反復的に繰り返し改善をしながら開発することを強調したフレームワークとなっています。

日本では特定非営利活動法人 人間中心設計推進機構（HCD-Net）が、カンファレンスや認定資格制度の運営などさまざまな普及・啓発活動を行っています。

人間中心設計のプロセス

人間中心設計では、「利用状況の把握及び明示」から「設計の評価」のサイクルで、ユーザーリサーチの実施、課題定義、発想、アイデアの具体化、ユーザーテストによる検証と改善、という一連のプロセスを、ユーザー要求が実現するまで繰り返し行います。それぞれのフェーズで実施する内容は図の通りです[08]。

P.25の図の通り、基本的には「利用状況の把握及び明示」からスタートし、インタラクティブなプロセスをデザインするために必要な要件を明らかにしていくことが望ましいのですが、場合によってはどのような方法で、どのようなユーザーとコミュニケーションしていくべきかすら計画が難しいような状況もありえます。その場合には、まず何らかのアイデアを発想し、プロトタイプを作成して、テストした結果から調査計画を立てるなど、臨機応変にプロセスの実行順序を変更することも重要になります。

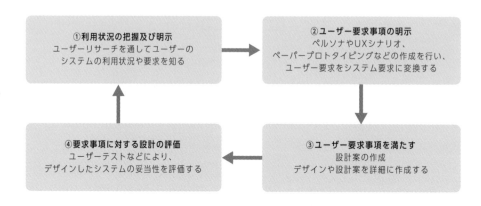

人間中心設計のプロセスと各プロセスで実施すること

［08］人間中心設計のフェーズで実施する内容

[09] Apple製品のスクリーンタイム

スクリーンタイムはユーザーがスマートフォンを使用している時間をユーザーにフィードバックし、必要に応じてスマートフォンの利用時間をコントロールすることを助ける

　人間中心設計は、デザイン思考や後述するサービスデザインなど、ユーザー中心に考えることを重視したデザインアプローチの中心的な概念となっています。とくに試作と改善を繰り返すプロジェクトを実施する際に参考になるでしょう。

　一方で、人間中心設計はユーザーにとってどのような体験をデザインするべきか、という倫理面でのガイドラインの役割も期待され始めています。ユーザー体験のデザインは、ともすると心理学的な方法を使いユーザーをコントロールできてしまうものでもあります。また、サービス提供をすることは新しい習慣を提案し人々の生活を大きく変える力も持っています。そのため、企業の利益だけではなく、ユーザーの利益も考えていくためのガイドラインが求められています。たとえば、Apple製品に搭載され

ているスクリーンタイムなどが、このような考え方を反映したものといえるでしょう[09]。

　スクリーンタイムは、ユーザーがデバイスをどのような用途でどれくらいの時間使ったかをモニターし、ユーザーに統計情報をフィードバックし、アプリ上で使い過ぎを防ぐためのルールを設定する機能を提供しています。昨今のスマートフォンへの依存という問題に対して、社会生活をきちんと送りながら製品を利用できるような配慮がなされています。

　2020年5月にはNetflixが休眠会員に向け、継続するか退会するかを確認する通知を送り、反応がなければサブスクリプションを自動的に解約すると発表しました。ユーザーの不利益になってしまう休眠会員から収益を得ることを避け長期的に顧客との関係性を構築する施策です。

SECTION 04

ポイントは「ユーザー中心に考える」ことと「つくりながら考える」こと

デザイン思考はさまざまなフレームワークで表現されますが、
いずれも基本的にはヒトのことを考えながら課題を定義し、試しながら創造的に解決するアプローチです。
そのポイントは、「ユーザー中心に考える」ことと「つくりながら考える」ことです。

USER　　　　IDEA

◆「ユーザー中心に考える」とは

　ダブルダイヤモンドプロセスの「発見」や、デザイン思考プロセスの「共感」、人間中心設計の「要求事項の特定」など、デザイン思考はいずれもユーザーを中心として課題の定義や解決策の実現を行うことが重視されています。

　現代においてユーザーに受け入れられるサービスを開発するためには、複雑化したユーザーを取り巻く状況を理解し、多様化するユーザーの価値観を捉えなければなりません。さらに、潜在的に求められているニーズを類推し、これまでになかった新しいサービスを構想して、独自の価値を提案していくことが企業には求められています[01]。

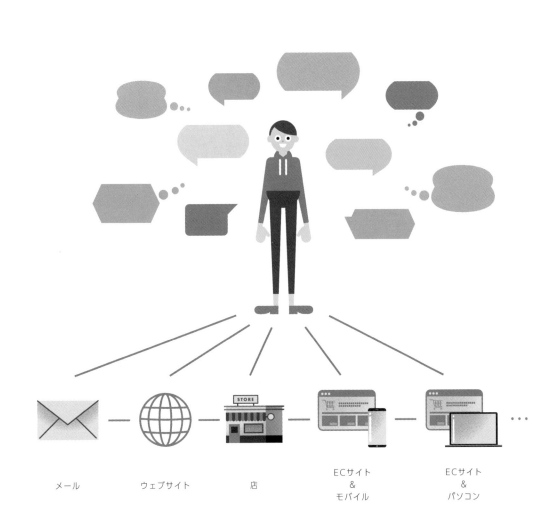

メール　　ウェブサイト　　店　　ECサイト & モバイル　　ECサイト & パソコン

サービスとの接点は多様化しており、ユーザーは自分自身の自覚したニーズに加え、言葉にできない潜在的なサービスに対する期待も持っている

[01] ユーザー中心に広く深くユーザーを見る

［02］ カスタマージャーニーマップ

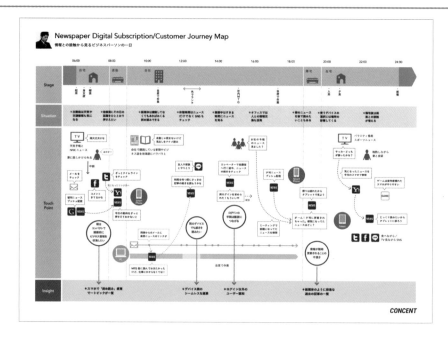

ニュースメディアを利用するビジネスパーソンのカスタマージャーニーマップの例
©Concent, Inc.

ユーザーを取り巻く状況の把握

　現代はデジタル化の進展により、ユーザーがオフラインやオンラインの複数領域にまたがる多様なサービスとの接点を自由に組み合わせて使うようになり、ユーザーのサービス利用体験は複雑化・多様化しています。このような一連のサービス利用体験を俯瞰して捉えるために、カスタマージャーニーマップと呼ばれるユーザーの行動を旅に見立てて視覚化するメソッドを使います［02］。

　カスタマージャーニーマップは目的に応じてさまざまな表現方法を使い分けますが、基本的にユーザーの行動とサービスとの接点、行動ごとの感情などを時系列で記述していきます。

　ユーザーがサービスを利用する複雑な状況を俯瞰的に視覚的に捉えることで、サービス開発、改善のための課題やチャンスを見つけやすくなり、共通認識を持つことができるため協働も行いやすくなります。

[03] 価値マップ

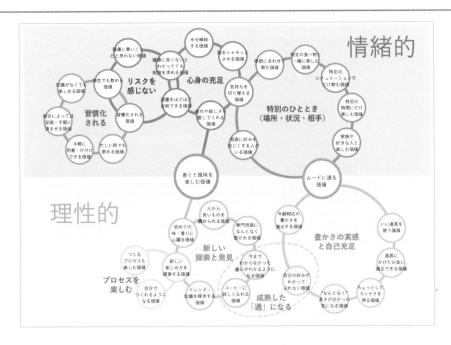

コーヒーを淹れるユーザーの顕在／潜在ニーズを探り構造化し視覚化した資料。「価値マップ」などと呼ばれる
©Concent, Inc.

ユーザーの顕在／潜在ニーズの把握

　あるサービスが担保すべき品質を保つためには、顕在化したユーザーの困りごとや要望を実現することはもちろん重要です。そのために、先に紹介したカスタマージャーニーマップなどでユーザーのサービス利用のプロセスを把握し、ボトルネックとなっている箇所を特定し改善する、などのアプローチを行います。

　一方、現代では多くの人々が共通して持つ課題が少なくなり、ユーザーは多様な個別のニーズを持つ

ようになってきています。

　顕在化したニーズに対してサービスを提供しても、ニーズが明らかなため競合サービスとの価格競争になる可能性が高く、事業性を考えると潜在ニーズを捉えて新しい価値をユーザーに対して問いかけていくことが必要になります。そのためデザイン思考のプロセスでは、ユーザーに対するインタビューなどの定性調査を行い、行動や発言を収集し分析的に検討することで、ユーザーの潜在ニーズを導き出すようなプロセスをとります[03]。

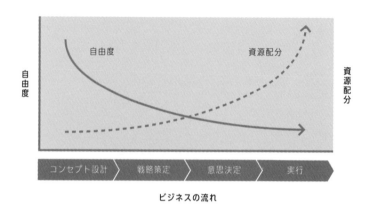

[04] 事業プロセスごとの自由度と資源配分

自由度

資源配分

自由度　　　　　　　　　　　　　資源配分

コンセプト設計　戦略策定　意思決定　実行

ビジネスの流れ

サービスをつくるプロセスの後半にいくほど検討の自由度は下がり、実現に必要な資源は増える。できる限り早期に試行錯誤することが重要
出典：cakes「ビジネスに必要な「コンセプト」とは何か(https://cakes.mu/posts/29815)」より作図

◆「つくりながら考える」とは

　もう1つのポイントは、「つくりながら考える」ということです。

　その最大のメリットは、"失敗"の可能性を下げられることです。サービスを具体的につくる前の、コンセプト企画やユーザー体験の構想など初期の段階からプロトタイプを作成し、ユーザーのフィードバックを得ることで、思い込みや見落としによって受け入れられないサービスをつくってしまう可能性を下げられます[04]。

　ダブルダイヤモンドでは、2つのダイヤモンドのプロセスはリニアに進むように見えますが、2019年度版で矢印が補足的に追加されており、必要があれば前のフェーズに戻って検討を繰り返すことを示し

ています（P.19参照）。デザイン思考プロセスでは、プロトタイピングというフェーズで反復的に価値を検証するプロセスが組み込まれています。人間中心設計では、フレームワークの形そのものが、反復的に検討をすることを前提に描かれています。

　ここでいうプロトタイプとは、必ずしも実現のための技術検証を行うような精度の高いものではありません。たとえばダンボールなどを使ってプロダクトの模型をつくったり、ありものの画像を組み合わせてサービスのコンセプトを表現したチラシをつくったりしてもよいのです。

　精度の低いプロトタイプであっても、それを利用してサービスの体験をシミュレーションしたり、ユ

ーザーに対して意見を聞いたりすることができます。検討が進んでサービス開発に必要な内容の精度が上がってしまうと制作に時間や労力がかかってしまうため、変更の自由度が下がってしまいます。できるだけ早期に繰り返しテストを行うことが重要です。

さまざまなプロトタイプ手法

サービスのコンセプトやユーザー体験といった、無形の考えを具体化するために利用できるさまざまなプロトタイプの手法があります[05]。プロトタイピングには、早期にユーザーからフィードバックを得られることに加え、いくつかのメリットがあります。1つは、アイデアの具体的なイメージを開発メンバーで共有できることです。

たとえば「センサーによってバイタルデータを取得できるIoTトイレ」を考えたとします。言葉のうえでは成立していますが抽象度が高いため、開発メンバーの頭のなかで描かれるイメージはバラバラでしょう。具体化することで、メンバー間で視点を共有し建設的に議論ができるようになります。

またコンセプトシートなど、サービスの特徴を端的に伝えるための資料をつくることで、具体的なユーザー体験や必要な機能、インターフェースなどを具体に踏み込んで考えやすくなります。議論の土台になる具体的なものがあることで、心理的な抵抗感の有無やバイタルデータ取得の倫理面での課題などにも具体的に踏み込みやすくなります。

コンセプトやユーザー体験などの無形のコトを試作する方法

コンセプトシート

ストーリーボード
UXシナリオ

ロールプレイ
（サービス利用体験のシミュレーション）

ユーザーインターフェースやプロダクトなど有形のモノを試作する方法

モックアップ
（デジタルプロダクト）

モックアップ
（フィジカルプロダクト）

有形、無形のモノ・コトを具体化するためのさまざまな方法。精度は必要に応じて検討するが、早期にラフなものからつくることが望ましい

[05] さまざまなプロトタイプ

SECTION 05

デザイン思考は
「誰もが共にデザインする」ためのツール

デザイン思考は、「デザイナーの考え方」や「デザイナーのための考え方」ではありません。
課題解決を目指す誰もが、共創的にデザインができるよう整理された、
デザイナーの考え方を参考に形式知化されたフレームワークです。

◆デザイン思考は課題解決に取り組むあらゆる人のためのもの

デザイン思考という名前から、デザイン思考をデザイナーのためのものと考える方が多いように思います。しかし、デザイン思考は「デザイナーの考え方」とイコールではありませんし、「デザイナーのための考え方」でもありません。

SECTION 01で説明した通り、よいデザインには対象となる人への共感的な視点にもとづいた課題の定義と創造的な解決策の構想と実現が含まれているといってよいでしょう。デザイン思考は、このようなこれまでデザイナーが行ってきた新しい視点での課題定義と創造的な解決策の実現のために、デザイナーの行動や考え方をヒントに誰もが使えるようなプロセスとして整理したフレームワークです。

しかし実は、グラフィックデザイナーやファッションデザイナー、プロダクトデザイナーなど、さまざまなデザインの専門家は、必ずしもこのようなフレームワークを使っているわけではありません。ユーザーのことを観察したり、スケッチを繰り返して

新しいアイデアを考えたり、眠りから覚めたときにとっさに何かを思い付いたり……はっきりと形式知化されたプロセスを使うよりも、むしろさまざまなインプット、アウトプットを繰り返して探索的に答えを探すような方法をとる場合が多いのではないかと思います。

このようなデザインを行う際にデザイナーは、試行錯誤しながらインサイトを得たり、試作品を繰り返しつくったりしながら、最終的に驚くような解決策を提示します。クリエイティブジャンプなどとも呼ばれ、ブラックボックス化している部分の多いプロセスですが、このような場合の考え方は、ファクトをもとに「こうしたらうまくいくかもしれない」と仮説を立て試すという仮説的推論（アブダクション）と呼ばれます。社会が複雑化し、課題の定義さえも難しい昨今では、このような行為を関係者全員で行う必要があります。なぜならば、正解があるかどうかもわからない「厄介な問題」と呼ばれるよう

な解決の難しい問題にチャレンジしていくためには、集団による思考を促進し、個人の能力の総和を超え新しい問いや解を見つけ出していく必要があるからです。そのために仮説的推論を行うデザイナーの考え方や行動を整理し、誰もが使えるようにしたものがデザイン思考なのです[01]。

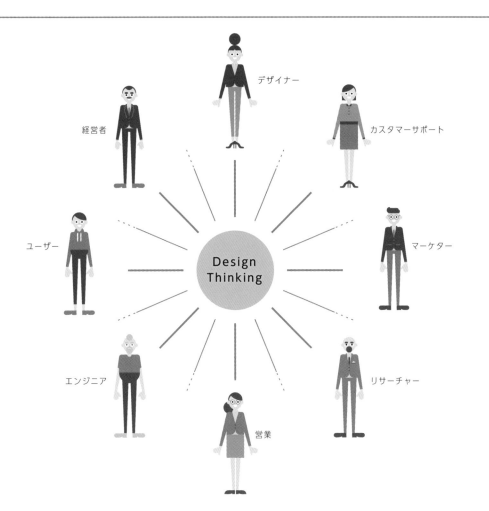

デザイナー

経営者

カスタマーサポート

ユーザー

Design
Thinking

マーケター

エンジニア

リサーチャー

営業

複雑化した現在の環境では、多様な人々と共通言語を持って共創する必要がある

[01] デザイン思考は課題解決に取り組むすべての人のためのもの

SECTION 06

デザイン思考があらためて求められる理由

デザイン思考の広まりの背景には、
社会全体が複雑化していることが挙げられます。
デザイン思考は、このような環境下での新しいビジネス創出に有効です。

◆ 現代社会ではデザイン思考が広い領域で求められている

デザイン思考は、現代では新規事業開発や行政サービスの改善など、さまざまな領域で活用が始まっています。現代社会は、消費者価値観の多様化やテクノロジーの進化、グローバル化、持続可能性の実現に向けた国際的な意識の高まりなどによって、社会環境やビジネス環境が複雑さを増しているからです。このような環境では、取り組むべき課題に対してロジカルに考えるだけでは答えを出すことが難しくなってきています。状況をどのように切り取るのか自らのポジション、スタンスをどう取り課題とするのか、という問い立てから探索しイノベーションを創出していかなければなりません。昨今ではさまざまな企業や行政組織がこのような探索的な思考能力を獲得しようとしています。

たとえば海外では、2010年代にAccentureによるFjord（フィヨルド）の買収や米金融機関大手Capital OneによるAdaptive Pathの買収など、ビジネスコンサルティング企業や大手の金融機関が著名なデザイン会社を買収する動きが相次ぎました。また、イギリスやデンマークなどヨーロッパを中心として、行政サービスの改善のために公的なデザインエージェンシーが設立され活動を広げるなど行政にもデザイン思考の導入が進みました。2017年にはパイロットプロジェクトを通して、アメリカ初の自治体保有のデザインエージェンシーService Design Studioがニューヨーク市に誕生しています。

ブランディングとイノベーションのためのデザイン

日本では、2018年に経済産業省・特許庁が『「デザイン経営」宣言』として、企業の産業競争力を増すためにどのようにデザインの考え方を導入すべきかを提言しました[01]。ここでは、デザインの意匠性の部分を「ブランド構築に資するデザイン」とし、創造的な課題解決を「イノベーションに資するデザイン」として整理しています。

[01] 経済産業省・特許庁「デザイン経営」宣言

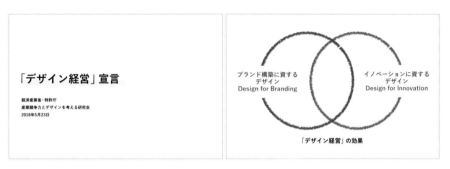

出典：経済産業省・特許庁『「デザイン経営」宣言(https://www.meti.go.jp/press/2018/05/20180523002/20180523002-1.pdf)』

◆ 問題の解決よりも問題の発見を

デザイン思考が求められている背景には、これからの私たちの生活にはイノベーションが必要とされており、そのためには問題を解決する能力はもちろん、問題を発見し提起する能力が求められているということを先に述べました。デザイン思考によってイノベーティブなアイデアを生み出そうとするのであれば、ユーザー中心視点で、これまで見落とされてきたような新しい視点での課題定義が有効だからです。

およそ90年代までは、私たちの生活には解が明確な課題が多く残っており、その不便を解決することで事業を成り立たせることが可能でした。

たとえば、「自由な移動ができない」という課題に対しては自動車が多くの人に求められ、事業者もよりよい車をより安い価格で提供することを目指していました。

しかし00年代に入り、私たちの生活には明確な課題がなくなりつつあります。今では自動車を所有せずにシェアカーを使うこともできますし、都市部であればシェアサイクルやタクシーなど、さまざまな移動手段を手軽に利用できます。環境問題を重視する人々は飛行機ではなく、船を選択します。

今後はたとえば複数の交通手段を月額課金制で使えるようにするなど、ユーザーの個別ニーズに応えながら価値提案するサービス形態への移行が重要視されています。

このような状況では、新しい価値を生み出す方法は自明ではありません。そのためには、ユーザーを取り巻く環境や価値観を把握し、何が課題なのかを自ら定義し答えを提示することが必要になります。こうした活動を行うために有効なのが、デザイン思考のアプローチなのです。

SECTION 07

「思考モード」を意識して
デザイン思考に振り回されない

デザイン思考はともすればプロセスをたどるだけになりがちです。
デザイン思考という方法論に振り回されないためには、
4つの思考モードを意識的に切り替えながら進める必要があります。

◆ 4つの思考モード

デザイン思考に対する批判として、「デザイン思考を実践しても結果が出ない」というものや「デザイン思考を使わなくてもクリエイティブなアイデアは考えられる」というものがあります。ある意味正しいですが、いずれもプロセスを重要しすぎた考え方に思えます。

前述した通り、デザイン思考は"魔法の公式"ではなく、あくまでも多様な人々で新しいモノゴトを共創するためのガイドライン、共通言語です。プロセスを型通りひととおりやっても結果が出るとは限りませんし、もちろん別のやり方を否定するものでもありません。

デザイン思考を実践していくためには多様なメソッドが利用されますが、何を実施するのかということ以上に、それぞれのプロセスで何のためにどのメソッドをどのように行うかが非常に重要になります。そのためには、「4つの思考モード」を理解することが有効です。

思考モードの使い分け

デザイン思考を生産的に使うためには、一連のプロセスのなかで右に示した「具体／抽象」、「知る／つくる」のマトリクスで整理された4つの思考モードを使い分ける必要があります[01]。このマトリクスの軸は、問題解決を行う際に必要とされる考え方の方向性です。実際にはデザイン思考の各フェーズ内でも各思考モードを使い分ける必要がありますが、各フェーズで求められることと各思考モードが対応していると考えてもよいでしょう。

マトリクスの「抽象」は、「曖昧である」ことではなく「本質的なことを抽出する」ことに注意してください。たとえば、30のユーザーの発言から共通する重要なポイントを抽出するといったアプローチです。人によって得意、不得意があるため、自分自身やメンバーがチームとしてどの領域で強みを発揮できるのかなども検討できるとよいでしょう。

P.39からは、この4つの思考モードについてそれぞ

[01] 具体／抽象、知る／つくるのマトリクス

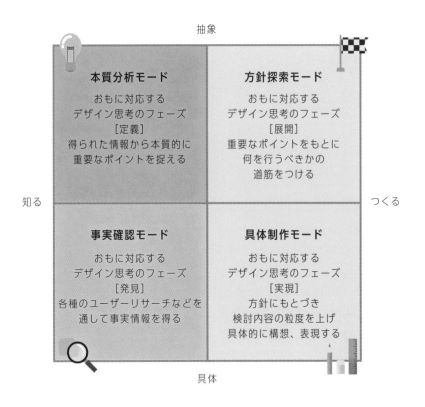

抽象

本質分析モード おもに対応する デザイン思考のフェーズ [定義] 得られた情報から本質的に 重要なポイントを捉える	**方針探索モード** おもに対応する デザイン思考のフェーズ [展開] 重要なポイントをもとに 何を行うべきかの 道筋をつける
事実確認モード おもに対応する デザイン思考のフェーズ [発見] 各種のユーザーリサーチなどを 通して事実情報を得る	**具体制作モード** おもに対応する デザイン思考のフェーズ [実現] 方針にもとづき 検討内容の粒度を上げ 具体的に構想、表現する

知る　　　　　　　　　　　　　　　　　つくる

具体

問題解決に必要な4つの思考モードと対応するデザイン思考のフェーズ、実施内容

れ詳しく説明します。

　ここではあえてマトリクスで整理しましたが、実際には各モードをより頻繁に切り替えることが理想的です[02]。

◆事実確認モード：知る×具体

　ユーザーリサーチを行う際に必要とされる考え方です。ポイントは「事実をありのままにみる」ということです。逆にいうと、この段階で具体的な出来事をすぐに一般的な出来事だと考えたり（思考が方

針探索モードへジャンプしてしまう）、個別のユーザーの発言からすぐにソリューションに結び付けたりしてしまう（思考が具体制作モードへジャンプしてしまう）と、思い込みによってコンセプトを策定してしまったり、個別最適すぎるソリューションをつくったりしてしまうことになります。

このフェーズでは事実は事実として捉え、一般化できる発見なのか、新しい解決策につながる発見なのか、などは考慮しますが、判断は保留して、とにかくユーザーやサービス提供者に関する事実情報を収集することが重要になります。

◆ 本質分析モード：知る×抽象

とくにユーザーリサーチ結果の分析を行う際に必要とされる考え方です。個別の事実の集合から概念化（モデル化）を行い、調査者自身がインサイトを得ることが重要になります。ペルソナやカスタマージャーニーマップなどの視覚化資料は、事実をもとにそれを概念化していくことによって、新しい視点を導き出すためにつくります。

たとえばペルソナは、個別の事実を統合して1つの概念（ユーザーイメージ）にしていきます。リサーチから得られた情報をツギハギしながら、全体としてはいかにも実在しそうなユーザー像をつくるこ

とがポイントになります。

カスタマージャーニーマップは、ユーザーの行動の特徴的なパターンをモデル化してつくります。

ペルソナやカスタマージャーニーマップといった視覚化資料をつくる際に、既存のフレームワークに情報を当てはめてしまうと、事実情報を整理しただけで概念化がされていないため、新しい発見が得られません。

リサーチ結果を分析的に検討する際には、個別の情報を本質的な視点から見たときに何が要点なのかを捉えるという考え方が重要です。

◆ 方針探索モード：つくる×抽象

解決策の構想をする際に必要となる考え方です。平たくいえば「たくさんざっくりと」コンセプトを考えます。「本質分析モード」の段階で得たインサイトから検討の方針を策定し、多数の抽象的なコンセプトレベルでのアイデアを検討します。

ここでのポイントは、アイデアを発想する際にこれまでの考え方のバイアスを壊すことです。「本質分析モード」のインサイトが驚くべきものであれば、自

然に新しい発想を導くことになるでしょうし、この「方針探索モード」でいくつも考えた方針のいずれかを試していくうちに道が切り拓かれていくこともあるでしょう。いずれにしても、この方針探索で新しい方向性を見出せるか否かが、創造的な結果を出せるかを大きく左右します。

◆具体制作モード：つくる×具体

　最終的に実現を目指し、プロトタイプを作成しながら具体化をしていく段階で必要となる考え方です。このフェーズで重要なことは、サービス開発のプロセスのできるだけ早い段階で、具体的な内容に踏み込みながら試作品をつくっていくことです。

　抽象的な段階でのアイデアは、大抵がよいものに思えることが多いように思います。しかし、そこから具体的にしっかり考えることによって、よい点も悪い点も見えてくるようになります。抽象的なアイデアを考えたら、さらに一段階踏み込んで具体的にしっかり考えることを意識するとよいでしょう。

　感覚的には、自転車の重いギアを踏み込むような

イメージです。経験則ですが、大抵の場合、よいと思えるアイデアを思い付くと具体に踏み込まず、それがなぜうまくいくのかというロジックを固めようとするケースが多いように思います。いくらロジックが正しくても、具体的なコンテンツやインタラクションデザイン、ビジュアルのトーン＆マナー、キャッチコピーやマイクロコピーなど、ユーザーが実際に触れ、利用するものがよくなければ、市場に受け入れられることはないのです。そして、これらの価値はユーザーの評価によって明らかになるため、つくってテストしなければ誰にもわかりません。

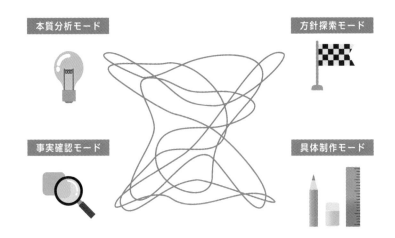

実際のプロジェクトでは、4つの思考モードを頻繁に行ったり来たりしながら考えることが必要。たとえば、リサーチ計画を立てるためには一旦何らかのゴールを設定する必要があるため、具体的な成果物やコンセプトの可能性を考える。そのうえで、設定した仮のゴールに誘導されずに新しい発見を目指す

[02]　実際のプロジェクトモード切り替え

◆ 要注意のモード

　この思考モードのすべてを1人で一定のレベルで実施することは非常に難しいでしょう。だからこそデザイン思考のプロセスでは、多様なメンバーが共創を行う必要があるともいえます。

　この4つの思考モードのうち、デザインプロジェクトを行っていてとくに実施が難しいと感じるのが、左上の「本質分析モード」と右下の「具体制作モード」の考え方です。

「本質分析モード」のポイント

　「知る×抽象」の本質分析モードをよりよく実施するには、抽象化が重要です。抽象化は先に紹介した通り、曖昧にするということではなく、具体的事象

から一段階抽象度を上げて、概念化するということです。具体的な事実の集合を分析的に見ることによって、一般化した法則を導き出し、モデル化していきます[03]。これは、事実を整理するのではなく、情報を解釈しながら新しい法則を導き出すという行為で、非常に根気強く考察する力や、繰り返し仮説を立て壊すという想像力が必要になります。

「具体制作モード」のポイント

　「つくる×具体」の具体制作モードを実施するためには、具体的な顧客接点を構成するためのさまざまなコンテンツやそれをどう表現するか、という具体化力が必要になります。

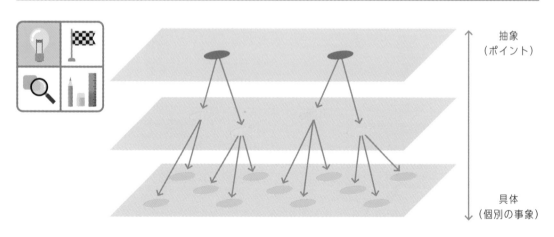

抽象
（ポイント）

具体
（個別の事象）

具体的な個別の事象をまとめながら概念を導き出す。たとえば、ユーザーの本質的ニーズを導き出すために上位下位分析法という手法を使う際には、下から具体的事象、行為目標、最上位ニーズというように段階的に抽象化してユーザーが求めている本質的ニーズを類推する

[03] 本質分析モードの抽象化（概念化）のイメージ

課題定義や抽象的な段階でのアイデアがよかったとしても、それを具体的によいサービスとして構成することができなければ、実際のサービスとして成立しません。コンセプトから具体的なサービスを構成するまでには、おもに図のような企画から表現までの一貫した内容の検討が必要です[04]。

抽象的なアイデアをサービスとして具現化していくためには、必要な情報やその情報の構造、ユーザーとのインタラクション、アピアランスといった具体的な内容の検討が必要になります。たとえば何らかのサービスをつくる場合、まずどのような価値をユーザーに対して提案するかというサービスの方向性を決めます。次に、ユーザーとのコミュニケーションのあり方やそれをどのようなクリエイティブに落とし込むかの方向性を決めます。その後、ユーザ

ーにとって必要な情報やその表現を方針に従って検討していきます。

先に挙げたIoTトイレでバイタルデータをもとに健康に関するアドバイスをするならば、友人なのか家族なのか、医師なのか看護師なのか……ユーザーとどのような関係性を構築したいかで方針が変わります。このような方針を受けて、届けるべき情報やそれをどのように構造化しわかりやすくするか、どのようなUIでインタラクティブなやり取りを行えるようにするか、感性的な価値を感じてもらえるような表現は何か、など実際にユーザーが触れるさまざまな要素を決定していきます。

コンセプトから情報設計やグラフィックデザインのトーン&マナーなどまで。企画から表現までの一貫性は、ユーザーに対してよりよい体験を実現するために重要になる
©Concent, Inc.

[04] コンテンツをデザインするために必要な要素

SECTION 08

デザイン思考のプロセス：
フェーズ① 発見

ここから、デザイン思考の具体的な考え方や進め方について、ダブルダイヤモンドプロセスの4つのフェーズに沿って
説明していきます。1つ目のフェーズである「発見」(Discover)では、
ユーザーリサーチを通して課題を定義するための情報を幅広く集めます。

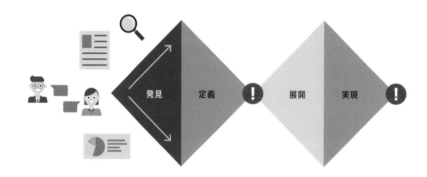

◆発見フェーズの概要

　発見フェーズのおもな目的は、デスクリサーチや
定量調査、定性調査などさまざまなリサーチを行い、
課題の定義を行うための情報を集めることです
[01]。

リサーチの種類
(デスクリサーチ、定量調査、定性調査)

　一般的なリサーチの目的には、「仮説の検証」か
「探索」の2つがあります。発見フェーズでは、課題
や解決策のいずれも決定していない状態です。その

ため、まずはさまざまな情報を幅広く集める「探索」
を目的として、リサーチを実施します。「仮説の検
証」は、のちの展開フェーズや実現フェーズで実施
するプロトタイプのユーザーテストによって行いま
す。

　デスクリサーチでは、書籍やウェブサイトなどの
二次情報からプロジェクトに関連する業界情報を調
べたり、競合サービスをベンチマークしたりなどの
リサーチを実施します。

　定量調査では、アンケート調査をはじめとする収

集したデータを、数値として統計学的に分析することを想定したリサーチを行います。そもそもターゲットユーザーをどのように設定するかが決まっていない場合など、仮説策定のヒントを得るために行う意識調査などが例に挙げられます。

デザイン思考のプロセスでは、このようなリサーチに加えて、とくに定性調査を重視して実施します。定性調査とは、対象者の行動や発言、状態などから言葉や文章、写真などの数値化できないデータを収集する調査です。

定性調査を重視するのは、できる限りユーザーのありのままを捉えるためです。思い込みにとらわれることなくユーザー中心の視点でユーザーの置かれた状況や行動、発言を収集します。そのために調査者は、ユーザーが見ている／置かれている世界を他者の視点から理解しようとすることが求められます。そこには唯一の正解はありませんし、どれほど注意深くリサーチを行ったとしても、バイアスを完全に排除することはできません。

さらにいうと、ユーザー自身も自分自身のことを完全に理解しているわけではないため、ニーズを正確に言語化できない可能性があります。調査者には、常に「できる限り」ユーザーという他者の視点を捉えようとする、真摯な態度が必要になります。

デスクリサーチ
書籍やウェブサイトなどの二次情報

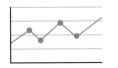

定量調査
アンケートなど統計的に分析する調査

定性調査
言葉や文章、写真など、
数値化できないデータを収集する

発見フェーズではさまざまなリサーチを行う

[01] デスクリサーチ、定量調査、定性調査

［02］定性調査でわかることと調査方法

行動の背景

ユーザーの行動やその
前後の状況　　　　　　→　観察調査、
　　　　　　　　　　　　　インタビューなどの
　　　　　　　　　　　　　定性調査

価値観・ニーズ

行動の背景にあるユーザーの
考え方や潜在的に求めていると　→　定性調査で得られた情報を
考えられることの考え　　　　　　分析し調査者が
　　　　　　　　　　　　　　　　気付き（インサイト）を得る

定性調査によって、ユーザーの行動の理由を探る

定性調査でユーザーのなぜに迫る

　定性調査では、ユーザー側の具体的な行動や発言などをできる限り詳しく知るためのリサーチを行います［02］。そして、得られた情報を分析することによって、課題を定義するために必要な、ユーザーが「なぜ」そのような行動を取っていたのかを捉えることを目指します。

　このような「なぜ」は、定量的なアンケートでは取得することが難しい情報です。もちろんアンケート調査の自由回答などで理由を尋ねることはできますが、そのような場合の回答はあくまでもユーザー自身が自分自身を分析した結果なので、バイアスが

かかっていたり、行動の背景となる文脈も情報が不足していたりします。そのため、体験のデザインをするためには情報が乏しいといえます。

　定量調査で得た「なぜ」についての回答は、ユーザー自身が自分の気持ちを解釈して答えた、いわば「分析済み」の情報でもあり、インタビューなどで得られる情報と比べると"薄い"ものといえます。ユーザーの行動の「なぜ」に迫るためには、可能な限りユーザーが置かれた状況やその前後での具体的な行動、発言などを集め、それらをもとに調査者がインサイトや新しい解釈を導き出すことが重要なのです。

◆発見フェーズの進め方

発見フェーズのリサーチは、プロジェクトの目的や期間、予算などの条件によって、どのようなリサーチが効果的かを考えて実施します。ここでは一例として、デザイン思考で重要となる「エスノグラフィー調査」を軸に説明します。

エスノグラフィー調査とは

調査者はできる限り対象者を理解するために、「ユーザーの置かれた環境やどのように行動するのか」「どのようなことを考えているのか」などをさまざまな角度から深掘りするために定性調査を行います。そのための有効な方法の1つに、エスノグラフィー調査があります。

エスノグラフィー調査の「エスノグラフィー」とは、文化人類学や社会学、心理学の研究手法の1つです。もともとは調査者とは異なる文化を理解するために行われている、対象となる文化の特徴や行動様式を詳細に記述する方法のことを指します[03]。

研究としては、植民地時代に西洋社会が南米やアジアなどの異文化を理解することを目的として発展しました。その後もさまざまな文化をテーマとして研究が続けられ、できる限りその文化を理解し、内側から記述しようという試みが続けられています。

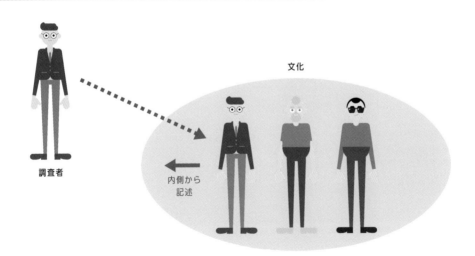

文化

調査者

内側から
記述

エスノグラフィー調査は、他者をその内側から記述することを試みる

[03] エスノグラフィー調査

エスノグラフィー調査の3つのアプローチ

　エスノグラフィー調査にはさまざまな方法がありますが、大きく分けて「オートエスノグラフィー」「非参与観察」「参与観察」の3つに分類できます[04]。

オートエスノグラフィー:
自分で体験してみる

　1つ目の「オートエスノグラフィー」は、ユーザーが利用するサービスや置かれている環境を、調査者が自分自身で実際に体験してみるというものです。オート（auto）とは、「自分自身」を意味する接頭辞です。調査者自身が行うため、比較的手軽に実施することができます。

　たとえば仮に、シェアサイクルのサービス開発を行うためであれば、調査者自身がシェアサイクルを試しに使ってみたり、ユーザーが行うであろう移動経路を試しにたどってみたりするなど、一連のユーザー体験を試してみて、文章や写真、動画、音声などの記録を取ります。

非参与観察:
「壁のハエのように」観察する

　2つ目は、「非参与観察」です。これは調査者が英語のイディオム"Fly on the wall（壁のハエのようにこっそりと観察する人）"のように調査対象者に影響を与えないよう行うリサーチの総称です。客観的な視点から対象者の行動を観察し、新たなインサイトを得ることを目的に行います。

　先ほどの例でいえば、シェアサイクルのサービスを利用するユーザーの一連の体験を、調査者が後ろから付き添い、一部始終を観察し記録するリサーチなどです。また直接観察するのではなく、一連の体験の一部始終をユーザー自身がスマートフォンでメモを取ったり写真を撮ったりするなどした記録を提供してもらう方法もあります。観察したい状況やプロジェクトの期間や予算などの制約によって、さまざまな手法を使います。

参与観察:
対象者の環境に飛び込む

　最後が「参与観察」です。調査者と対象者が直接的にコミュニケーションをし、対象者の置かれた状況や行動、考え方などをリサーチします。参与観察は「参与する」、つまり調査者がユーザーに直接アプローチするリサーチをいいます。具体的には、現場に訪問してインタビューを行い、ユーザーの行動や背景にある考えを深掘りするようなものです。

　先ほどのシェアサイクルの例でいえば、サービスを利用するユーザーに同行し、行動の理由を逐一尋ねて、行動の背景にある理由を深掘りします。

　以前からマーケティングのために定性調査としてグループインタビューなどがよく行われていますが、エスノグラフィー調査はグループインタビューとは性質が異なります。エスノグラフィー調査では、ある製品やサービスに対する意見を求めるのではなく、ユーザーの置かれた状況や行動の背景を調査者が理解することによって、ユーザー中心視点で課題を定義するためのインサイトを得ることを目的にしています。

オートエスノグラフィー

自分で体験してみる

・シェアサイクルを試しに使ってみる
・ユーザーが行うであろう移動経路を試しに
　たどってみる
・一連のユーザー体験の記録を取る

非参与観察

「壁のハエのように」観察する

・ユーザーの一連の体験を調査者が後ろから
　付き添い、一部始終を観察し記録する
・一連の体験の一部始終を
　ユーザー自身に記録してもらう

参与観察

対象者の環境に飛び込む

・ユーザーに同行して行動の理由を
　逐一尋ねる
・行動の背景にある理由を深掘りする

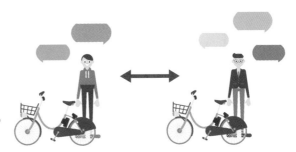

たとえばシェアサイクルのサービス開発を行うためであれば、このような3つのリサーチ方法が考えられる

［04］エスノグラフィー調査の3つのリサーチ手法のイメージ

ユーザーリサーチのプロセス

　それでは、ユーザーリサーチを行うプロセスについて、参与観察でインタビューを行う場合を例に説明していきます。インタビューを例にしたのは、発見性と時間やコストの関係から実際に実施する機会が多いと考えられるためです。

　基本的なプロセスは、下記のようなものです[05]。

　実際のプロジェクトでは、期間やかけられる工数などの制約があり、どのような人々にリサーチすれば最も発見性が高いかを考えるために予備調査を行うこともあります。その場合、デスクリサーチや簡易的な定量調査などによって、まずは仮説としてどのような課題が定義できそうか、どのような調査対象者が発見が多そうかを仮説ベースで策定するところから始めます。

予備調査
Step ① 調査を計画するための調査

調査設計
Step ② 調査の進め方を考える

リクルーティング
Step ③ 調査対象者を見つける

調査実施
Step ④ 調査を実施する

調査結果の分析
Step ⑤ 調査から得られたデータを分析する

[05] 調査の流れ

[06] ステークホルダーマップ

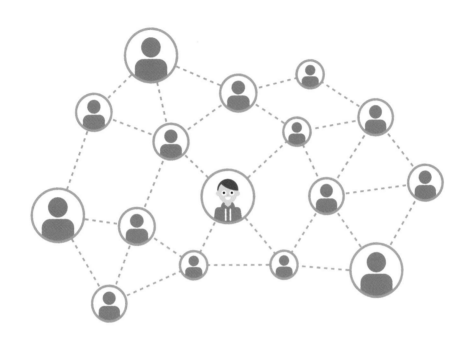

ステークホルダーマップでは、登場人物とその関係性を描く

調査設計

　調査設計ではまず、何を目的にし、どのようなリサーチを行うか計画を立てます。どのような対象者に対してリサーチを行えば有益な情報が発見できるかを考えるために、まずテーマに関連するさまざまなステークホルダー（利害関係者）の洗い出しを行います。

　その際には、「ステークホルダーマップ」と呼ばれるステークホルダーとそれぞれの関係性を記述する資料を作成します[06]。ステークホルダーの全体像を描くことで、プロジェクトに関係する重要な登場人物を特定することができます。

　たとえば学校教育にデジタルシステムを導入する場合、システムを日々授業で使う先生の体験が重要なことはもちろんですが、導入の決定を行う教育委員会や学長、システムの維持管理を行う人の体験なども関係します。

サイコグラフィック情報で
ユーザーをタイプ分けする

どのような立場の人が調査対象として重要かを特定したら、次はリサーチを行うために調査対象者の人物像を明確にしていきます。

この段階で仮説にもとづいてペルソナをつくり、見解の統一を図りながら調査設計を行うこともあります。このようなペルソナを、「プロトペルソナ」と呼びます。仮説ベースで作成したものであり、実際のユーザーの情報からつくっていないということを強調するために、あえて「捏造ペルソナ」という名称を使うこともあります。

この際に重要なのは、性別、年齢、収入などといった事実情報によってユーザーをタイプ分けするのではなく、趣味や嗜好、価値観などによる特性でもユーザーをタイプ分けすることです。事実情報を「デモグラフィック情報」、考え方の特性に関する情報を「サイコグラフィック情報」と呼びます[07]。

現代では価値観が多様化しており、年齢や性別などによるタイプ分けだけでは、ユーザーの置かれた環境やニーズを掴み切れなくなっています。サイコグラフィック情報をきちんと捉えて、ユーザーがどのような状況に置かれていて、何を求めているのかを考えていくことが重要になります。

	データ	データの種類	データの意味
デモ グラフィック 情報	性別 年齢 収入 独身／既婚	事実関係を 表すデータ	サービスを利用する人の 「誰」を表す
サイコ グラフィック 情報	購買者の習慣 趣味 嗜好 価値観	考え方の特性を 表すデータ	サービスを利用する人の 「なぜ」を表す

[07] デモグラフィック情報とサイコグラフィック情報

[08] エクストリームユーザー

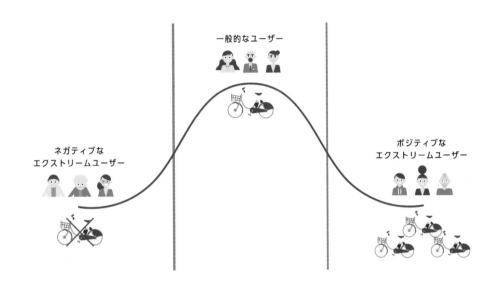

一般的なユーザー

ネガティブな
エクストリームユーザー

ポジティブな
エクストリームユーザー

平均的なユーザーとそれ以外の極端なユーザーの数は、ベル型カーブを描く

リクルーティング

　ユーザーのタイプ分け仮説ができたら、ユーザーを特徴付ける何らかの指標を設定し、実際にリサーチを行うために対象者を見つけます。これを「リクルーティング」と呼びます。

　リサーチテーマに関する全般的な理解のために一般的なユーザーを探すこともありますが、インサイトを得るために極端なユーザー（エクストリームユーザー）をリクルートすることを重要視します。

　エクストリームなユーザーからは、特徴的な行動や考え方の情報が得られることが期待でき、これまで見過ごされていたような新しい課題や解決策の策定につなげられる可能性が高いからです。

　平均的なユーザーとそれ以外の極端なユーザーの数は、一般的にベル型カーブを描きます[08]。カーブの一端はサービスをまったく利用していないような「ネガティブなエクストリームユーザー」です。もう片方はサービスを非常に深く使い込んでいたり、特徴的な利用方法を持っていたりする「ポジティブなエクストリームユーザー」です。

　先ほどのシェアサイクルの例でいうと、エクストリームユーザーのタイプの違いは[09]のように考えられるでしょう。

053

［09］エクストリームユーザーのタイプの違い

ネガティブなエクストリームユーザー

・体力的な問題などで自転車を利用することができないユーザー
・スマートフォンの操作に不慣れで利用するためのプロセスに課題を抱えているユーザー
・自転車に対するこだわりが強く
　シェアサイクルの自転車のラインナップが不満なユーザー

など

ポジティブなエクストリームユーザー

・シェアサービスを多用しており、どこに行くにもほかのモビリティサービスも含め
　シェアサイクルを必ず使うユーザー
・どの自転車を借りるかを決めていてシェアサイクルなのに自分の1台を持っている
　こだわりのユーザー

など

　エクストリームユーザがどのような人なのかを考えていく場合には、サービスの利用頻度などから「ヘビーユーザーかそうでないか」で設定するのではなく、「特徴的な観点」を持っているユーザーを考えます。そのほうが、平均的ユーザーとは異なる価値観を持っていたり特徴的な行動をしていたりすることが期待できるので、インサイトへつながる発見が期待できます。

リクルーティングの考え方

　実際のリクルーティングは、パネル（調査会社が管理する調査協力者組織）を保有するリサーチ会社に依頼して、条件に当てはまる人を見つけることもあれば、プロジェクト関係者などから知り合いを紹介してもらうこともあります。

　調査会社に依頼すればコストはかかりますが、アンケートなどを通してパネルから条件に当てはまる人を比較的簡単に探せます。一方で知り合いの紹介では、時間がかかるうえに不確実性も高いですが、エクストリームなユーザーを紹介してもらえることも多くあり、双方にメリット・デメリットがあります。リクルーティングしたいユーザーの属性やプロジェクトの進め方などによって判断をするとよいでしょう。

いずれにしても、対象者を探したりインタビュー予定を調整したりするためには、一定の時間がかかります。理想のユーザーをリクルーティングすることにこだわりすぎず、少しずつ条件を緩和しながら対象者を決めていくことも、実際にプロジェクトを進めるうえでは重要になります。試しにでも実施しなければ、絶対にインサイトは得られないので、きちんとしたリクルーティングは難しいと考え悩むよりも、まずはできる限りの範囲でリサーチを行ったほうがよい結果を得られることが多いと思います。

調査実施（半構造化インタビュー）

対象者を無事に見つけることができたら、実際にインタビュー調査を行います。その際のインタビューは、質問方法によっていくつかの種類に分けられます[10]。

一問一答式の質問をしっかりと用意して回答を得ていくインタビューを「構造化インタビュー」と呼びます。話の流れに応じて発見がありそうなポイントを深掘りしながらインタビューを行うインタビューを「半構造化インタビュー」と呼びます。そして、とくに質問を何も用意せずインタビューを行うことを「非構造化インタビュー」と呼びます。

デザイン思考では、ユーザーに根掘り葉掘り行動の理由を深掘りして聞いていきますが、限られた時間のなかで発見を最大化する必要もあるため、非構造化インタビューではなく、半構造化インタビューを実施するケースが多いです。

インタビュー手法	調査目的	場所	要する時間
構造化インタビュー	統計的集計	会場 or オンライン	短
半構造化インタビュー	統計的集計と質的調査	会場 or 現地 or オンライン	中
非構造化インタビュー	質的調査	会場 or 現地 or オンライン	長

エスノグラフィー調査では、半構造化インタビューもしくは非構造化インタビューで探索的にリサーチを行う。効果の最大化という観点で半構造化インタビューがよく実施されている
出典：経験デザイン研究所「半構造化インタビューと非構造化インタビュー（http://asanoken.jugem.jp/?eid=1075)」をもとに一部抜粋、作表

[10] インタビューの方法

[11] インタビューの役割分担例

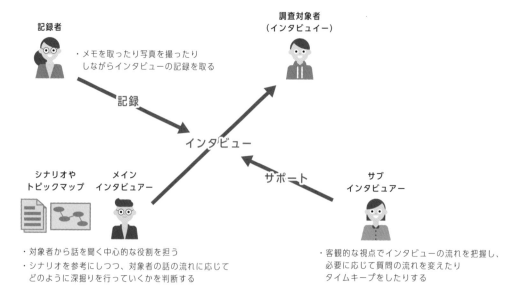

記録者
・メモを取ったり写真を撮ったり
しながらインタビューの記録を取る

記録

調査対象者
（インタビュイー）

インタビュー

シナリオや
トピックマップ

メイン
インタビュアー

サポート

サブ
インタビュアー

・対象者から話を聞く中心的な役割を担う
・シナリオを参考にしつつ、対象者の話の流れに応じて
どのように深掘りを行っていくかを判断する

・客観的な視点でインタビューの流れを把握し、
必要に応じて質問の流れを変えたり
タイムキープをしたりする

インタビューはシナリオやトピックマップを準備し、2〜3名体制で行う

実際にインタビューを行う際は、おおまかに聞きたいことをまとめておき、あとはインタビューをしながら、どこに発見がありそうなのかを判断して深掘りをしていきます。

そのために確認したいトピックを洗い出しておき、話の流れを想定しインタビューをうまくコントロールする助けとなるような資料をつくります。このような半構造化インタビューで質問したい内容をまとめた資料は、「インタビューシナリオ」や「トピックマップ」などと呼ばれます。半構造化インタビューは、インタビューの流れに応じて柔軟に深掘りをする範囲を取捨選択していくことが可能で発見性の高

いインタビューが期待できますが、その分あらかじめトピックを洗い出しておき流れをコントロールできるような準備をすることが重要になります。

実際のインタビューは、[11]のような2〜3名体制で行うとよいでしょう。

具体的なやり方については、さまざまな考え方や意見があります。本格的なエスノグラフィー調査においては、対象者が打ち解けて話ができるよう「ラポール（信頼関係）」の構築が重要とされていますが、サービス開発のためのインタビューでは謝金の支払いがあるなど、ある種の契約関係があるためそれほど気にしなくてもよい、とする意見もあれば、心理

的な圧迫を減らすため、座席の角度にまで気を使うインタビュアーもいます。テーマや対象者との関係性などで柔軟に検討ができるとよいでしょう。

インタビュー実施の際の観点

インタビューを実施する際には、おもに「広さ」と「深さ」の2つの観点を重視しながら進めていきます。

1つ目の観点「広さ」

まず「広さ」については、ユーザーがどのような行動を取っているのかを、なるべく広い範囲で確認することを意識します。たとえば、あるサービスを利用する際の前後にどのようなことを行うかなどです[12]。

シェアサイクルを例に考えてみると、あるユーザーは「バスに乗り遅れてしまった日にだけ」サービスを利用しているかもしれません。そのような場合には、サービスの利用前に自宅で慌ただしく外出の準備をしていたり、バス停の時刻表を何度も確認したり、慌ててバス停に向かったり、といった行動があるでしょう。サービスの利用後には、シェアサイクルのステーションが空いていないことが多く、遠回りだが確実に帰れる別ルートのバスを使って帰るかもしれません。

サービスのあり方は、サービス利用の瞬間だけではなく、その前後のユーザーの状況も考慮されるべきです。そのため、影響する要因を探すことを目的に、できる限りユーザーの行動を広く捉えることを目指します。

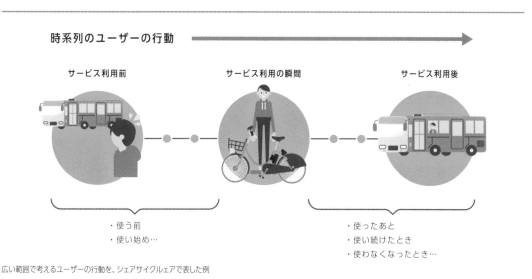

時系列のユーザーの行動

サービス利用前　　　　　サービス利用の瞬間　　　　　サービス利用後

・使う前
・使い始め…

・使ったあと
・使い続けたとき
・使わなくなったとき…

広い範囲で考えるユーザーの行動を、シェアサイクルエアで表した例

[12]「広さ」のイメージ図

［13］「深さ」のイメージ

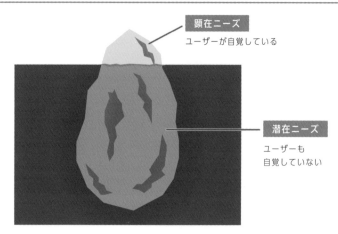

顕在ニーズ
ユーザーが自覚している

潜在ニーズ
ユーザーも
自覚していない

顕在ニーズはユーザー自身が自覚を持っているのに対し、潜在ニーズはユーザー自身も自覚を持っていない

2つ目の観点「深さ」

　「深さ」については、何らかの行動や発言の背景にどのような考えがあるかを深掘りして確認していきます。そのために、業務改善に活用されている「なぜなぜ5分析」を利用することが推奨されているケースもあります。

　これはできる限り深く背景情報を意識するという点で重要な考え方ですが、実際のユーザーインタビューでは注意が必要です。インタビューの場では、調査者が感じる以上に「役に立つ回答をしよう」という意識を対象者が持っている場合があります。そのような場合に「なぜ」を繰り返すと、実際にはそこまで自覚的に理由を意識していなかったとしても、思い付く最も妥当な理由を質問に答えるために採用してしまう可能性があります。

　ユーザー自身が自覚的に認識をして回答ができる

領域は実はごく一部で、その背景に自覚できていない領域が大きく存在しています。これが「顕在的ニーズ」とその背景にある「潜在的ニーズ」の違いです。これは氷山のモデルを使って説明されることがあります［13］。

　そのためインタビューでは「なぜ」に迫るために「どこで」「どんなきっかけで」「どんなふうに」行動したのかをできるだけ細かく知ることを意識します。このような状況におけるユーザーの考えや気持ちを類推することで「なぜ」に迫ります。

分析

　リサーチで得られた情報は、ペルソナやカスタマージャーニーマップ、価値マップといった視覚化資料として整理を行います［14］。

　ペルソナは、リサーチのために作成したプロトペ

ルソナとは成り立ちが異なります。実際のリサーチによって得られた事実をツギハギしながら全体的にはあるタイプのユーザの典型（と思われる）イメージをつくっていきます。

カスタマージャーニーマップとは、ユーザーの一連の行動を旅に見立てて、時系列上でサービス利用のために接するメディアやデバイス、利用の際の感情などを含め一覧化したものです。

価値マップとは、リサーチから得られた情報を定性的に分析し、ユーザーが顕在的、潜在的に期待する価値を視覚化した資料を指します。

このほかにもリサーチ結果を分析するためのメソッドやフレームワークは無数に存在します。

情報を視覚化していくうえでのポイント

ここで重要なのは、このように情報を視覚化して

いく作業は、事実情報を整理するものであると同時に、それを抽象化し概念化していく分析作業でもあるということです。リサーチ結果は情報整理を行いながら抽象化を行いポイントを抽出します。そして最終的には一定数のユーザーに共通する一般化したモデルをつくっていきます。そのためには、形式的にペルソナやカスタマージャーニーマップをつくるのではなく、「どのようなペルソナやカスタマージャーニーマップをつくるのか」をきちんと検討する必要があります。

ペルソナでいえばどのような項目によってペルソナを記述するのかを決定することが非常に重要ですし、カスタマージャーニーマップでいえばサービス利用体験がユーザーにとって主観的にどのような体験なのかを考えるなど、改めて顧客の体験を捉え直すということがポイントになります。

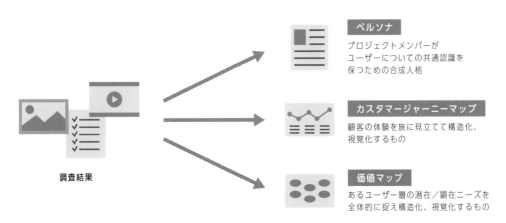

ペルソナ
プロジェクトメンバーが
ユーザーについての共通認識を
保つための合成人格

カスタマージャーニーマップ
顧客の体験を旅に見立てて構造化、
視覚化するもの

価値マップ
あるユーザー層の潜在／顕在ニーズを
全体的に捉え構造化、視覚化するもの

調査結果

リサーチから得られたデータは、目的によってさまざまな形で分析する

[14] リサーチ結果と分析手法

◆ 発見フェーズの考え方

デザイン思考の発見のフェーズでは、おもに「事実確認モード」と「本質分析モード」の2つの思考モード（P.38参照）を使います。

考えのジャンプをコントロールする

ユーザーリサーチでは、できる限りバイアスを避け、具体的なユーザーの行動や発言、取り巻く環境といった事実情報を収集します。ここでは事実確認モードで、ユーザーに関する一次情報をできる限り収集することが望ましいです。

リサーチ段階で得られた情報をすぐに方針探索モードで一般化したデザイン方針を立てたり、具体制作モードでソリューションに結び付けたりして、すぐに結論を出さないことが重要です。このような考えのジャンプはリサーチをしているとたびたび起こりますし、むしろ自由に考えを巡らせ、落としどころを考えたり仮説をアップデートしながらリサーチを行うほうが発見性が高くなります[15]。その際に注意しなければならないのは、結論を出して検討を終わらせてしまうことです。全体的な視点で検討を行っていないため、一部のユーザにしか当てはまらないデザイン方針であったり、個別最適化されたソリューションである可能性が高くなってしまいます。

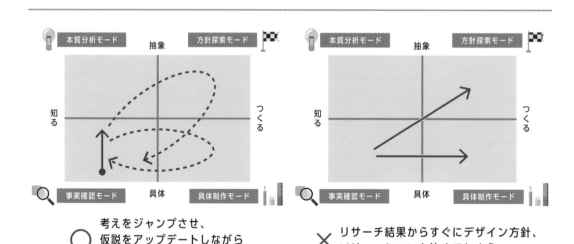

○ 考えをジャンプさせ、仮説をアップデートしながらリサーチをする

× リサーチ結果からすぐにデザイン方針、ソリューションを決めてしまう

リサーチ段階では、思考モードをジャンプさせながらも、最終的な結論は出さずに事実情報を収集することが重要

[15] リサーチ段階での思考モードのジャンプ

[16] 本質分析モードで具体的な情報をモデル化

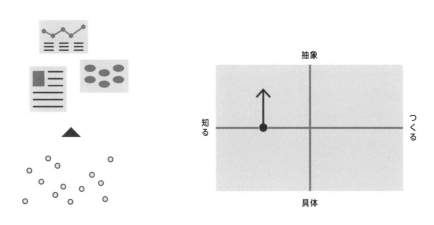

得られた情報を分析し、各種の視覚化資料などへとまとめていく

ユーザーの具体的な情報をモデル化する

　ユーザーに関する情報を可能な限り収集しきったあとは本質分析モードで具体的な情報を概念化し、一般的なモデルとして検討をしていきます[16]。その際の検討結果をまとめたものが、ペルソナやカスタマージャーニーマップ、価値マップといった視覚化資料です。このような資料は、あくまでもユーザーを「どのように捉えられるか」を示したもので、それ自体は「答え」を示すものではありません。

　しかし、この「どのように捉えられるか」を考えるためには、他者であるユーザーがどのように世界を見ているかを理解したうえで、個別の事象から共通したポイントを抽出し、さらに一般化したモデルへと統合するという想像力や抽象化力などが求め

られます。たとえば、シェアサイクルサービスのカスタマージャーニーマップであれば、自転車を借りる行為が楽しいサイクリングの始まりなのか、バスに乗り遅れた代替手段なのかで旅の意味はまったく変わるでしょう。

　そこでユーザーが行った行動や発言の前後の出来事や真意を類推し、一連の行動をある旅のパターンとして記述して、プロジェクトメンバーで共有できるものにしていくことが必要です。カスタマージャーニーマップ自体をつくることが目的化してしまい、既存の顧客行動のフレームワークなどにユーザーの行動を当てはめてしまうと、情報の整理にはなりますが、インサイトを得ることは難しいため注意が必要です。

SECTION 09

デザイン思考のプロセス：
フェーズ② 定義

2つ目のフェーズである「定義」(Define)では、
リサーチ結果を分析し、視覚的に表現したさまざまな資料をもとに、
多様なメンバーと共に取り組むべき課題を定義します。

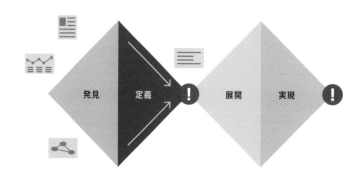

◆ 定義フェーズの概要

定義フェーズの最終的な目的は、次の展開フェーズでアイデアを幅広く考えるために、リサーチ結果をもとに取り組むべき課題を定義することです。

そのために、このフェーズではワークショップなどの場をデザインし、プロジェクトメンバーがユーザーに対する理解を深め、共創的に検討し意思決定を行います。

発見フェーズで作成したペルソナやカスタマージャーニーマップ、価値マップといった資料は、その際の検討資料として利用します。

このフェーズでは、議論を尽くしたのちに取り組むべき課題を明文化することで定義し、次のフェーズを進めるための指針とします。

◆定義フェーズの進め方

　課題の定義とは、新しい解決策を導き出すために発見フェーズで得られた新しい視点——ユーザーとニーズ、そしてインサイト——が何かをプロジェクトメンバー間で合意し決定することです。

　実際には、発見フェーズと定義フェーズの区分けは曖昧です。発見フェーズでリサーチ結果を整理・分析していく過程で、課題を検討するプロセスは始まっているともいえるためです。ただ、定義フェーズでは集めたさまざまな情報を整理しながら「取捨選択し収束的に考えていく」という点が、発見フェーズとはまったく異なります。

　収束のためには、リサーチから得られた情報をプロジェクトメンバー全員できちんと理解し、議論を尽くすことが重要になります。そのために有効な手段の1つがワークショップです。

ワークショップは協働しながら学び、つくる場

　「ワークショップ」という言葉は、クラフト作品をつくる会や身体表現を学ぶ会、ビジネスアイデアの検討会など、さまざまな活動に対して広く使われています。共通するのは、参加者が主体的に協働しながら学びを得たり、新しいことを考えたりすることです。デザインプロジェクトにおいてワークショップを実施する場合は、おもにプロジェクトメンバーの理解を深め意思決定をしていくために、ワークショップを計画することになります。

　ワークショップでは、「ファシリテーター」と呼ばれる進行役が参加者の活動を支援します。ワークショップには目的に応じて、以下のようないくつかのゴール設定が考えられます[01]。

知識を習得する
参加者は、参加者同士で議論し課題に対して答えるなどして何らかの概念を理解する

技術を習得する
参加者は、ファシリテーターの支援を受け成果物をつくりながら何らかの技術を習得する

参加者同士の考えを相互に理解する
参加者は、参加者同士でコミュニケーションを取り、
内容を可視化するなどし相互理解を深める

参加者同士の協働によるアイデア発想・合意形成
参加者は、参加者同士で議論をしたり成果物をつくるなど協働し新しいことを考えたり、意思決定したりする

[01] ワークショップのゴール別タイプ

デザインプロジェクトで行われるワークショップは、必要に応じていずれのタイプも行う場合があります。たとえば①や②は、ミニワークを含むデザイン思考のレクチャーやデザインメソッドを習得するワークなどです。ライブトレーニング（P.160参照）と呼ばれるトレーニングとプロジェクトの実施を両立させるようなプロジェクトの場合、このようなワークをプロジェクトに随時挟み込みながら実施します。③はプロジェクト推進のために、あえて議論を発散させ収束させずにステークホルダー間での相互理解を目指すフューチャーセッションなどがあたります。サービス改善や開発を行うようなプロジェクトでは、④にあたるような、協働してアイデア発想を行ったり、成果物を作成したりしながら合意形成を目指すパターンが中心となります。

ファシリテーターは場を
全体的視点でデザインする

ファシリテーターの役割は、ワークショップという「集団による創造活動」に参加する人々の活動を支援し、ゴールまでの舵取りをすることです。具体的にはリサーチから得られた情報を参加者が理解し、十分議論を尽くして結論を導き出せるようにすること、そしてそれができるような場をデザインすることがファシリテーターの役割にあたります。

ファシリテーションを成功させるためには、ワークショップの場でのコミュニケーションだけでなく、プログラムの設計やチームのデザイン、そもそものプロジェクトのなかでのワークショップの位置付けなどを含めたプロジェクト全体の設計も重要になります[02]。

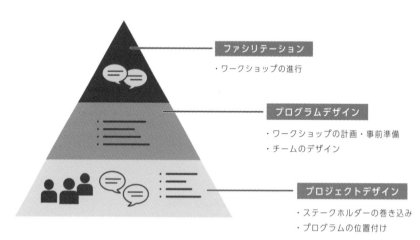

ファシリテーション
・ワークショップの進行

プログラムデザイン
・ワークショップの計画・事前準備
・チームのデザイン

プロジェクトデザイン
・ステークホルダーの巻き込み
・プログラムの位置付け

ファシリテーションの成功に必要な活動。プロジェクトの全体から見た計画や準備が大きく影響する

[02] ファシリテーションの成功に必要な活動

［03］ ファシリテーションに必要な4つのスキル

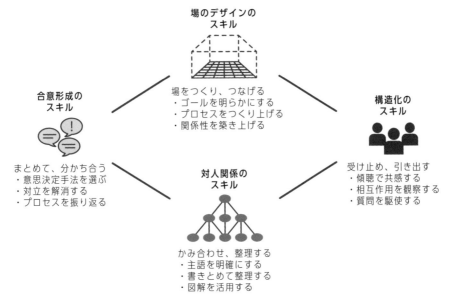

**場のデザインの
スキル**

場をつくり、つなげる
・ゴールを明らかにする
・プロセスをつくり上げる
・関係性を築き上げる

**合意形成の
スキル**

まとめて、分かち合う
・意思決定手法を選ぶ
・対立を解消する
・プロセスを振り返る

**構造化の
スキル**

受け止め、引き出す
・傾聴で共感する
・相互作用を観察する
・質問を駆使する

**対人関係の
スキル**

かみ合わせ、整理する
・主語を明確にする
・書きとめて整理する
・図解を活用する

ワークショップの進行に必要なスキルは対人関係スキルだけではない
出典：堀公俊『ファシリテーション入門〈第2版〉[Kindle版]第2章、3節、1項』「ファシリテーションの4つのスキル」をもとに一部抜粋、作図

ファシリテーションに必要なスキル

　ファシリテーションは、デザインプロジェクトのワークショップだけではなく、通常のビジネス会議などでもその重要性が謳われています。

　ファシリテーションの実施に必要な能力はおもに、「場のデザインのスキル」「対人関係のスキル」「構造化のスキル」「合意形成のスキル」の4つとされています[03]。ファシリテーションに苦手意識を持つ人も多いようですが、先ほど述べたように、ファシリテーション自体の成否は、前提となるプログラムデザインやプロジェクトデザインにも大きく依存します。注意深く計画や準備をすることで、ファシリテーションの難易度は大きく変わります。

　ファシリテーションには高いレベルの対人関係や合意形成のスキルが求められ、ハードルが高いと感じている方が多いようです。しかし、場のデザインや構造化といった要素も非常に重要です。必要な情報をしっかりインプットでき、多様な人々がつながることができる場をきちんと構築すること。さまざまな意見を統合し、わかりやすく整理すること。これらが実現できていれば、現場での対人関係や合意形成におけるコミュニケーションも非常に実施しやす

065

くなります。

　最終的に定義フェーズから次の展開フェーズに移行するためには、何らかの形で取り組むべき課題を設定します。実際の進め方はさまざまな方法がありますが、発見フェーズで作成したペルソナやカスタマージャーニーマップ、価値マップなどの視覚化資料を参考にしながら、ユーザーとニーズ、インサイトの3つを整理したうえで、「How Might We」と呼ばれる「問い」を立てる方法が主要なものとしてあります。

　このような問いにも正解はないため、ワークショップでの対話を通して選択していきます。

問いの立て方

　How Might We を日本語で訳すと一般的に、「我々はどのようにして〇〇できるだろうか」などとなります。

　How Might We には、次の展開フェーズで考えるアイデアの方向性を一定範囲に絞るという目的があります。展開フェーズは拡散的思考を行うフェーズのため、幅広く考えていくことが望ましいのですが、「完全に自由に考えてください」といわれると迷ってしまいます。考えるべきアイデアの方向性を一定に絞り、ある程度の深さで考えを進めるために、このような問いを立てます[04]。

　英語の How Might We という文には、「時に困難な課題に対して、私たちはもしかしたら解決策を提

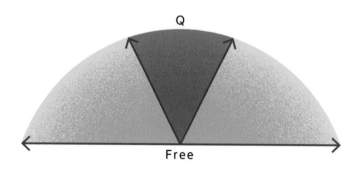

取り組むべき問いが定義されている状態

Q

Free

問いが定義されていない状態

アイデアの方向性は絞ったほうが密度が高まる

[04] 考える方向性と問いの関係

[05] How Might Weのワークシート

画像は社会人のリカレント教育としてプログラム開発を行った厚生労働省委託事業 教育訓練プログラム『NXT ENGINEERING』のフォーマット。シンプルなカードにして数多く記述できるようにし、対話を通して1つの問いに絞り込んだ
©Concent, Inc.

示できるかもしれない」という肯定的なニュアンスが含まれるそうです。訳した際にそのニュアンスを感じることは難しいため、具体的な内容を検討する際に、「やや難しいがチャレンジングで取り組むべき価値がある問い」を立てられるよう、ファシリテーターはプロジェクトメンバーに対して促しながら進めていくとよいでしょう。

How Might Weの考え方

　ワークシートを用意して検討の支援を行うことは有効ですが、一方で手法が先行してしまい、ワークシートを使った穴埋めの作業になってしまう懸念もあります。プロジェクトの内容や参加者属性に応じて進め方を柔軟に検討できるとよいでしょう[05]。

　具体的にHow Might Weをつくる際には、幅広く探索的に考えるために、拡散的に考えたのちに収束的に考えるプロセスをとります。

　課題をさまざまな視点から捉えて、表現を工夫しながら数多くのHow Might Weを作成し絞り込んでいきます。問いの立て方としては、おもにP.68のような7つのパターンが代表的です[06]。

[06] 問いの立て方のパターン

① よいところを伸ばす

② 反対を探す

③ 思い込みを覆す

④ 感情に注目する

⑤ インサイトや状況からたとえる

⑥ 細部に注目する

⑦ 極端に考える

1つの課題でも見方によって違う問いになる。問いの立て方を参考に新しい視点を探索する

出典：「HMW-Worksheet(d.school、https://dschool.stanford.edu/s/HMW-Worksheet.pdf)」を参考に著者訳

収束の難しさ

　定義フェーズでは課題定義や問いを立てることを通して、どのような方向性で検討を行うかを最終的に絞り込んでいきます。

　この方向性は、あくまでもプロジェクトメンバーがユーザーリサーチの結果から重要そうだと判断したものであり、確実にソリューションとしてよいものになるかどうかは不確実です。この段階でどの程度前例があるか、マーケット規模がどの程度あるかなどを判断基準にすると、落としどころが想定された無難なゴールにしかたどり着けない問いを選択す

ることになりかねません。

　引き続き次の展開フェーズで数多くのアイデアを検討し、ユーザーに対して価値の検証を行い改善を繰り返すという探索は続きます。

　あくまでもこのフェーズでの課題定義は「正解」を見つけるのではなく、プロジェクトメンバーの総意としてどの方向で探索するのかを決めるということを意識しておけるとよいでしょう。

　そのことを踏まえ、イノベーティブなソリューションにつながりそうな課題を勇気を持って選択することが重要です。

◆ 定義フェーズの考え方

　定義フェーズでは、本質分析モード（P.38参照）で捉えたユーザーを取り巻く状況やニーズといった

情報をもとに方針探索モードに移行し、大まかな検討の方向性を決めていきます。

本質分析モードでリサーチ結果を見ると、発見は1つだけではないでしょう。現在取り組んでいるプロジェクトスコープでは扱えない課題もあるでしょうし、すぐに実行できる細かい課題もあるでしょう。ここではそれらの課題を取捨選択し、「絞る」考え方が重要になります。

考え方のアップデートと
意思決定の難しさ

「知る」から「つくる」へ収束的に移行する際には、考え方をアップデートし、意思決定することが重要になります[07]。ここに実際にプロジェクトでデザイン思考を行う難しさがあります。

デザイン思考のプロジェクトでは、各種のリサーチを通して新たな視点で課題を定義したうえで、チャレンジの方向性を設定します。この一連のプロセスに正解はないため、最終的にはチームでの合意形成と意思決定が必要です。しかし、意思決定者がプロジェクトに参加する時間が取れなかったり、組織承認を意識し社内説得が可能そうな案を選んでしまったりなど、現実的にイノベーティブな意思決定が難しいことも珍しくありません。このような場合は、デザイン思考のプロセスの意味は薄れてしまいます。

これを避けるためには、発見フェーズ、定義フェーズを経てプロジェクトメンバーとそのステークホルダーの考え方がしっかりとアップデートされている必要があります。

この考え方のアップデートを、「リフレーミング」

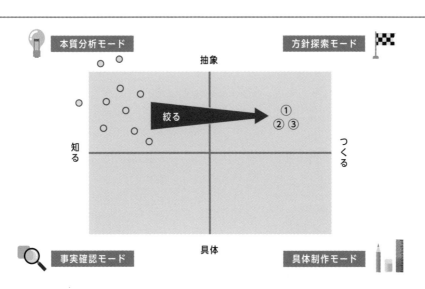

方針探索モードへの移行は絞る考えが重要

[07] 本質分析モードから方針探索モードへの移行

[08] リフレーミングの例

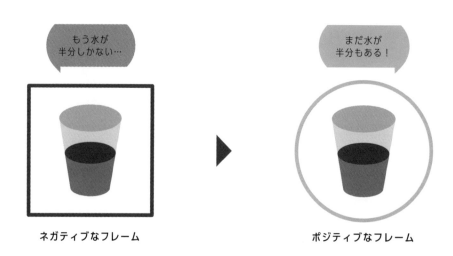

ネガティブなフレーム　　　　　　　　　ポジティブなフレーム

同じ量のコップの水でも、フレーム(物事の捉え方)が変わればまったく違う意味になる

と呼びます。リフレーミングとは、物事を認識する枠組み（フレーム）を再定義することを意味します。

　物事の認識は、どのような枠組みでそれを切り取るかで変わります。たとえば、外の景色が同じでも、窓の大きさやガラスの種類などで見えるものは変わります。

　同じ量の水が入ったグラスがあるとして、ポジティブな視点でそれを見れば、「まだ水が半分もある」となり、ネガティブな視点でそれを見れば「もう水が半分しかない」と、捉え方がまったく逆になります[08]。

　リフレーミングを行うためには、現在の物事の認識を成立させているさまざまな要素やそのつながり

を認識し、新たな視点で捉え直し再構築することが必要です。一般的に意思決定を担うポジションの方ほど知識や経験があり、それゆえに世界認識の仕方、フレームが強固になっていることが多い傾向があるため、簡単にはリフレーミングができないという難しさがあるといえるでしょう。

リフレーミングのための2つのアプローチ

　それでは、リフレーミングをよりよく行うにはどのようなアプローチが必要なのでしょうか。ここでもユーザーリサーチと同じく、広さと深さがキーになります。つまり、「広い視点から捉え直す」もしくは「意味を捉え直す」ということです。

広い視点から捉え直すというアプローチは、物事を成立させている状況を全体的に捉え、状況を変えるための新しい視点を見つけるというものです。

先ほどのコップの水の例でいえば、「コップの水が半分になってしまった」と感じたとしても、視野を広く持てば、近くに水道があったり、ペットボトルの水があったりするかもしれません。コップの水という狭い視点で捉えるのではなく、そのほかのさまざまな物事との関係性で捉えた場合に、「半分だけのコップの水」は解決可能な出来事となるでしょう。

意味を捉え直すというアプローチは、「コップ半分の水」に対して新しい意味を見つけていくというものです。たとえば先ほどのコップの水は、ユーザーにとってどのような意味があるでしょうか？　ポジティブなフレームで捉えている場合には、ある人にとっては「達成」かもしれません。またある人にとっては水を一定量飲んだという「安心」かもしれません[09]。

発見フェーズ、定義フェーズを通して、リサーチや分析を行ってきたのは、このような全体的なものの見方やユーザーの主観的な視点の2つの視点で物事を捉え直し、これまでの考え方をアップデートするためです。定義フェーズで新しい視点で課題を定義するには、意思決定者も含めユーザーの置かれた状況や価値観への理解に立脚したフレームができていることが理想です。できる限りプロセスを共有し、必要な情報のインプットができるとよいでしょう。

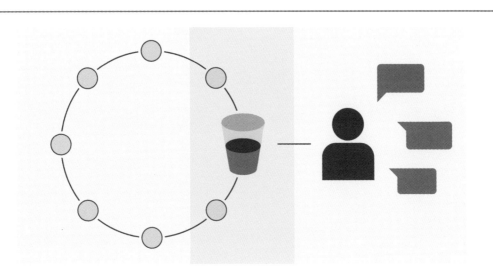

コップの入った水を取り巻く関係性を捉える「広さ」、物の見方を深掘りする「深さ」

[09] 物事の概念を更新するための2つのアプローチ

SECTION 10

デザイン思考のプロセス：
フェーズ③ 展開

3つ目のフェーズである「展開」(Develop)では、
問いにもとづいて多数のアイデアを創出し、できる限りラフにすばやく具体化して、
改善を行いながら解決策の可能性を探索していきます。

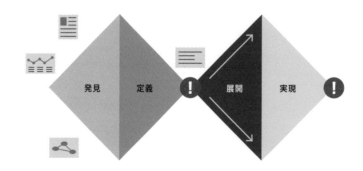

◆展開フェーズの概要

　展開フェーズの目的は、定義フェーズで立てた問い（How Might We）などにもとづき、さまざまなアイデアを数多く出し、そのなかから適切なものを選択できる状態にすることです。

　そのために、ワークショップなどを通してアイデアを数多く出すためのブレインストーミングを行ったり、アイデアを具体化しユーザーからのフィードバックを得るプロトタイピングを行ったりします。

◆展開フェーズの進め方

数多くのアイデアを出して可能性を探る

　まず展開フェーズでは、数多くのアイデアを出し解決策の可能性を探索します。そのために、ワーク

ショップでのブレインストーミングなど、たくさんのアイデアを出すための活動を行います。

　ここでは、解決策の質は問わず、とにかく量を重

視して検討を行うことがポイントになります。検討を始めてすぐにアイデアを絞ってしまうと、よりよいアイデアに到達する可能性を下げてしまいます。また、さまざまな方向性のアイデアを出して全体的な視点で検討しないと、個別最適化されすぎたアイデアになってしまう可能性もあります。

ブレインストーミングのルール

ブレインストーミングは、業務で実施されている方も多いのではないでしょうか。アイデアをカラフルな付箋に書き出して壁に貼っている写真は、ワークショップを紹介する際によく使われるので、印象に残っている方も多いでしょう。

ブレインストーミングで数多くのアイデアを出すためには、基本的なルールがあります。ブレインストーミングの発案者でアメリカのマーケター、アレックス・F・オズボーン氏が提唱した4つのルールがよく知られています[01]。

とくに重要なのは、「判断・結論を出さない」ということです。ブレインストーミングを行う際、「役に立つよいアイデアを出したい」という気持ちが強いと、新しいアイデアではなく「よいアイデアだと周囲から思われそう」なアイデアを出そうとしてしまう場合があります。そうなってしまうと、ブレイン

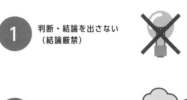

1 判断・結論を出さない（結論厳禁）

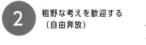

2 粗野な考えを歓迎する（自由奔放）

3 量を重視する（質より量）

4 アイデアを結合し発展させる（結合改善）

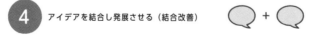

出典：Wikipedia「ブレインストーミング（https://ja.wikipedia.org/wiki/ブレインストーミング）」

[01] オズボーン氏のワークショップのルール

ストーミングの目的であるアイデアの幅を出すことが難しくなってしまいます。

ファシリテーターはブレインストーミングが拡散的思考を目的としていることをきちんと伝え、自由な発想を促すことが重要です。

ブレインストーミングの方法

ブレインストーミングでは気軽に取り組めるよう、シンプルにお題を提示して、できるだけたくさん自由に考えてもらうという方法をよく実施します。ただし気軽に取り組める反面、これまでの考え方の枠組みを超えて新しいアイデアを出すのは難しい側面があります。そのため、プロジェクトの内容や目的によって強制的にさまざまな要素を掛け合わせたり、カード式のヒント集を使ったりなどの発想法を利用します。たとえばブレインストーミングに不慣れな人が多いようであれば、ランダムなトピックを提示し、強制的に掛け合わせで新しいアイデアを考えてもらうようなワークがやりやすいかもしれません。違う視点で考えることができず行き詰まりを感じているようであれば、ロールプレイの要素を取り入れてワークしてみると、視点が広がるかもしれません。

ブレインストーミングの向き・不向き

ここで注意しておかなければならないのは、ブレインストーミングには限界があるということです。経

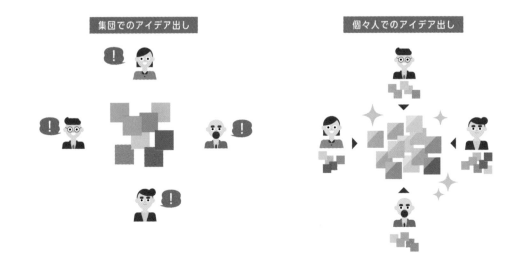

| 集団でのアイデア出し | 個々人でのアイデア出し |

アイデアの質や量を追求するなら、ブレインストーミングは不向き。ブレインストーミングはアイデアを数多く出しつつ、双発的に刺激し合いながら認識を揃えることに向く

[02] ブレインストーミングの向き・不向き

[03] アイデアからバイアスを打破していく流れ

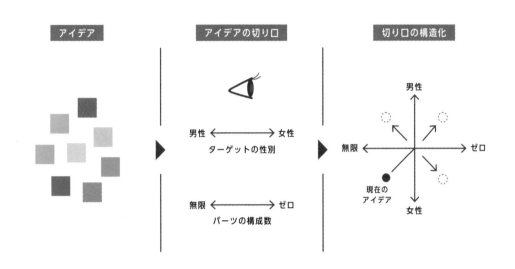

発想したアイデアは抽象化し抽出した切り口を掛け合わせ、新しい方針を考えるヒントにする
出典：WORKSIGHT「日本人の性質を活かした究極のブレストとは？（https://www.worksight.jp/issues/59.html）」を参考に作図

営学研究では、集団で顔を突き合わせてアイデア出しをするよりも、個々人でアイデア出しをして最終的にまとめるほうが、アイデアの量や種類が多いという結果が得られています[02]。

ブレインストーミングは、アイデアを具体的に考えていくための前段階として方向性を探るためのもの、チームとしてどう考えていくかの認識を揃えていくための場として行うことが重要です。この点を考慮せずに、ブレインストーミングで出たアイデアのなかからよさそうなものをピックアップしてサービス開発に進んでしまうと、検討の足りない弱いアイデアのまま開発に進んでしまうことになりかねません。

ブレインストーミングでチームとして短時間に拡散的に考えることと質を重視し熟考することはうまく使い分ける必要があります。

ブレインストーミングの限界を超える

ブレインストーミングは方法として、個々人で考えた結果の総和以上の成果を出すためには不向きですが、チーム全員で新しいものを考えていくための拡散のプロセスとしては適しています。多数のアイデアを出しそれを分析することによって、これまでチームがとらわれていたバイアス（思考の偏り）を

[04] さまざまなプロトタイプ

コンセプトの検証	使いやすさの検証	体験の検証
・コンセプトシート ・ムービー など	・モックアップ ・ペーパープロトタイプ など	・UXシナリオ ・ロールプレイ など

検証したい内容によって、さまざまなプロトタイピングを行う

明らかにして、新しいものを考えていくための方向性を考えることが可能になるからです。

このようなブレインストーミングの結果を分析し、バイアスを打破しながら新しいものを探っていく方法は、ビジネスデザイナーの濱口秀司氏によって「ブレイク・ザ・バイアス」として広く紹介されています[03]。

アイデアがどのような観点で出されたものなのかをメタに捉えながら「軸」を抽出し、軸同士を掛け合わせます。それによってこれまでアイデアを発想する主体者がとらわれていた思考の偏りが明らかになり、新しいアイデアを考えていくことが可能になります。

ブレインストーミングを実施し、その結果からアイデアを選ぶ、といったような直線的なプロセスではなく、アイデアを出してそれらをもとにさらによ

いアイデアが生み出せるような新しい軸、方向性を発見するという流れをつくれるとよいでしょう。

プロトタイピング

そして、もう1つの展開フェーズの重要な活動として、「プロトタイピング」があります。プロトタイプといえば、業種、職種によっては製品の試作品や技術的なチャレンジを検証する試作品といったものをイメージされるかもしれません。いずれにしても、開発に時間とコストのかかるものをイメージされることが多いのではないでしょうか。

デザイン思考におけるプロトタイピングとは、ユーザーにとってサービスが価値があるものなのかどうか、その価値がきちんと届くかを段階的にフィードバックを得ながら改善していくためのものです。そのために、有形無形のさまざまなプロトタイプを作

成します[04]。

たとえば、ユーザーにとってあるコンセプトが魅力的なものかどうか検証するのであれば、具体的な内容はさておいて、コンセプトシートなどを仮に作成し、キャッチコピーや利用シーンのイメージを訴求して検証します。また、どのような流れの体験がよいか、はUXシナリオなどの体験のフローを記述したものやロールプレイによる寸劇などで体験の流れをシミュレーションして検証することが可能です。

さらに、サービスとの接点であるアプリなどが使いやすいものかどうかを検証するのであれば、UIをラフにつくり、利用してもらうことで確認ができます。たとえば「ペーパープロトタイプ」などと呼ばれる手法では、UIを手書きで作成します。精度が低くても、想像力で補いながら必要な要素や画面遷移を確認することができるため、開発コストの抑制に効果的です。

ユーザーテスト

プロトタイプを利用してユーザーからフィードバックを得ることを、「ユーザーテスト」と呼びます。

ユーザーテストの進め方は、大きな点では、基本的に発見フェーズで行うリサーチと同じです。リサーチの目的や方法、観点などを計画し、リクルーティング、ユーザーリサーチ、分析を行います。

具体的なテストの方法は、作成するプロトタイプや検証したい内容に応じて設計する必要があります。コンセプトの検証であれば、コンセプトシートなどを用意し、それに対してユーザーから意見を聞くインタビューを実施します。ペーパープロトタイプを利用してアプリなどが使いやすいかどうかを検証する場合には、ユーザーが行うであろう操作を想定し、タスクの設計をして、実際に利用してもらい、その様子を観察したりフィードバックをもらったりなどをします。

大きく違う点としては、発見フェーズでのインタビューは探索を目的としていましたが、展開フェーズでのユーザーテストは検証が目的のため、確かめたいポイントを明らかにしておき、それを確かめるための設問の設計などが必要になる点です。この違いを意識して実施できるとよいでしょう。

◆展開フェーズの考え方

展開フェーズでは、方針探索モードと具体制作モードを頻繁に切り替えながら考えを進める必要があります。

サービスのアイデアを考えていく段階では、アイデアを整理・分析しながらバイアスを超えて新しいコンセプトを検討していくことが必要なため、ラフに発想したアイデアをもとに、方針探索モードでど

のような方向に向けて考えていくかを検討することになります。

プロトタイピングの段階では、具体制作モードでアイデアを何らかの検証可能なものとして具体的にアウトプットすることが必要です。

展開フェーズでは、ユーザーからフィードバックを得ながらこの2つのモードをできる限りすばやく

行き来し、抽象的なアイデアを具体へと結晶化させていきます[05]。

サービスの全体像を
イメージしながら考えていく

　プロトタイプを制作する際には、いわゆる「広義のデザイン」と「狭義のデザイン」の両面を全体的に捉えて進める必要があります。

　ここでの広義のデザインとは、ビジネスモデルやコンセプト、サービス体験の全体の流れなど無形のものの構想を指すこととします。

　狭義のデザインとは、取り扱うコンテンツ（情報）やその情報構造、ユーザーインターフェース、文章やビジュアル表現のトーン＆マナーといった有形のものを指すこととします。

　コンセプトやサービス体験などの抽象的なものから、段階的に具体化し検証しながら目に見えるビジュアルやユーザーインターフェースなどをつくっていくことが望ましいです。最初から完全にこだわってつくってしまうと、かけた時間や手間が増えるほど「ここまでやってきたのだから」という意識が働き、心理的に修正が難しくなります。また実際にプロトタイプの精度が上がった分、修正に必要な時間や手間が増えてしまいます。

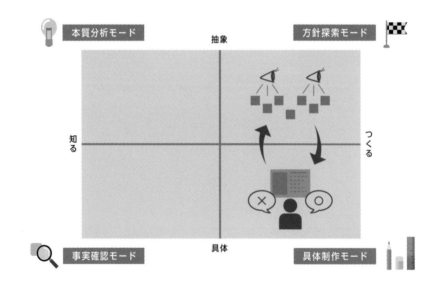

展開フェーズでは、方針探索モードと具体制作モードをできるだけすばやく行き来する

[05] 展開フェーズの考え方

[06] プロトタイプの制作

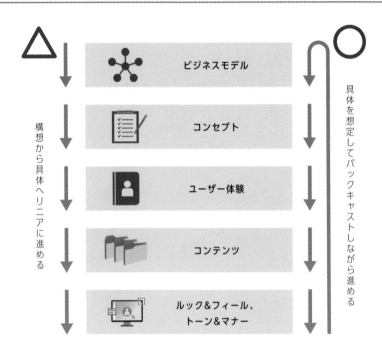

構想から具体へリニアに進める

ビジネスモデル

コンセプト

ユーザー体験

コンテンツ

ルック＆フィール、トーン＆マナー

具体を想定してバックキャストしながら進める

サービス構成要素の具体的な部分も想定しながらプロトタイピングを進めることが望ましい

　しかし、実際には広義のデザイン部分だけを検討してもうまくいきません。よくできたサービスはビジネスモデルやコンセプト、サービス体験の流れといった無形のものと、コンテンツやその表現方法といった具体的なものが総合されてでき上がっています。

　コンセプトなどの抽象的なレベルを検討する際にも、上記に挙げたようなサービスの全体性を考慮して、ある程度は具体的なビジュアルやユーザーインターフェースをイメージしながら検討されるべきです。そうでないと、いざつくり始めた際に、当初考えていたコンセプトが成立しないなど、予測していなかった事態が起き、それまで投下した時間や労力が無駄になってしまいます。

　[06] のように、抽象と具体、広義のデザインと狭義のデザインを全体性を持って検討したり、高速に行き来しながら具体的に形づくっていったりすることが重要になります。そのためデザイン思考のプロセスは、企画やデザインを担当するメンバーなどを含め、多様なメンバーと共創的に進めることが推奨されています。

SECTION 11

デザイン思考のプロセス：
フェーズ④ 実現

最後の段階である「実現」（Deliver）フェーズでは、名前通りサービスの実現を目指します。
そのために、検討しているサービスがユーザーに対して価値を提供することができ、
さらにマーケットで独自の価値を提案できる、と確信できるまで、プロトタイピングを繰り返し行います。

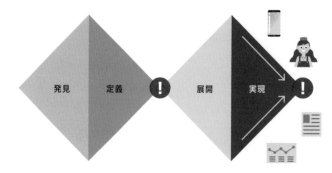

◆実現フェーズの概要

　実現フェーズのおもな目的は、これまで検討してきたサービスを小さな規模でプロトタイピングし、うまくいきそうな方法を発見していくことです。

　市場環境やユーザーの期待などは変化し続けるため、一度に完璧なサービスをつくることは困難です。そのためこのフェーズでは、「サービスが実際にユーザーに価値を提供できるという確信を持つ」「サービスがマーケットに対して独自の価値提案ができているという確信を持つ」の2つができている状態を目指していきます。これらについて確信が持てれば、具体的な要件定義や開発を行うための収束ができてい

ると考えてよいでしょう。

　ちなみに「確信を持つ」としているのは、新しいサービスを開発していく場合、究極的には「やってみなければわからない」「やりながら考えなければならない」という側面が強いからです。たとえば写真共有サービスの「Instagram」は、当初「Burbn」という位置情報を共有できるサービスでしたが、ユーザーが写真を共有するためにBurbnを利用していることを発見し、方針を変えたことで成功を収めました。

　SNSサービスの「Twitter」は当初「Odeo」とい

う Podcast の検索サービスでしたが、Apple の iTunes の登場によりニーズが低下し、マイクロブログサービスとしてリスタートしました。さらに2009年に投稿を促すメッセージが「いまなにしてる？（What are you doing？）」から「いまどうしてる？（What's happening？）」に変更されました。これはTwitterが、個々人のささいな近況を共有するツールから、個々人の情報発信をエンパワーメントするツールへと転換したささやかですが大きな変化です。

展開フェーズと実現フェーズの違い

前の展開フェーズでは、問いにもとづきソリューションの可能性を幅広く検討するために、抽象的なアイデアを具体化するプロトタイピングを行いました。

実現フェーズでは、サービスの実現を目指し、幅広く検討したソリューションを試して改善し、案を絞り込むためにプロトタイピングを行います[01]。

ダブルダイヤモンドプロセスの図では、そのほかのフェーズとの大きな違いはないように見えますが、検討しているソリューションの内容によっては改善を繰り返す必要があるため、ほかのフェーズと比べて長い期間がかかる可能性もあります。

どこまで実施すれば「実現」なのかに明確な定義はありませんが、デザイン思考のプロジェクトとしては、後述する必要最小限の機能を持つプロダクトの開発やリリースに向けた開発要件が定義できるサービス構想やプロトタイプ作成を持って実現フェーズとすることが多くあります。

拡散のためのプロトタイピング
たくさんのアイデアを具体化して
試すためのプロトタイピング

収束のためのプロトタイピング
たくさんのアイデアを試してよいものを
選んだり、改善していくためのプロトタイプ

How Might We

A
B
C

A
B
C

ユーザーテスト

展開フェーズでは定義した課題にもとづく抽象的なアイデアを具体化するため、実現フェーズでは実現に向けて改善を繰り返すためにプロトタイピングを行う

[01] 拡散のためのプロトタイピングと収束のためのプロトタイピング

◆実現フェーズの進め方

前フェーズでさまざまなサービスアイデアを検討したため、実現フェーズのスタート段階では、ユーザーに対して価値があると考えられるサービス仮説がある状態です。

プロトタイピングの基本的な進め方は、前のフェーズと基本的には同じです。ただ、このフェーズでは最終的にサービスのリリースに向けてプロトタイピングを行うため、検証すべき観点は基本的な「コンセプト」から、次第に「コンテンツ」「機能」「ルック＆フィール」「操作性」といった具体的な内容へと移り変わります。

必要最小限のプロダクト

このフェーズでは、サービスが「実際にユーザーに価値を提供できる」ことと「マーケットに対して独自の価値提案ができている」ことの2点を確信することを目標としました。そのために段階的に具体性を上げてプロトタイプを作成しますが、逆にプロダクトを完璧につくり上げてしまうことが事業上のリスクにもなり得ます。なぜなら、デザイン思考において独自性のある新しいサービスの検討をする際にはまだ市場が存在しないこともありえます。そのため、実際に市場に投入しユーザーからのフィードバックを得ながら改善を進めユーザーを獲得したり、InstagramやTwitterのようにユーザーの利用によって新しい価値が発見されサービスコンセプトの方針を転換したりするなど、漸次的に変化していく余地を残すメリットが大きいからです。

ここでは多様な機能を備えることやサービス全体の仕組みを完全につくる必要はなく、コアな価値を実現するために必要なものを最低限揃えれば問題ありません。これが、必要最低限の機能を備えた製品「Minimum Viable Product（以下MVP）」という考え方です。

MVPの考え方

MVPは、エリック・リース氏が書籍『リーン・スタートアップ』で提唱し大きく広まった概念です。リーン・スタートアップでは、新しいアイデアやコンセプトをすばやく具体化し実際のユーザーの反応を得て、構築、ビルド、計測、学習というプロダクトを改善するためのループを何度も回しながら、ユーザーのニーズやマーケットに対して最適化（フィット）させるという考え方をします。

MVPの考え方については、スウェーデンのクリスプ社でシステム開発のコーチを務めるヘンリック・クニベルグ氏が、2014年ごろに描いた図が有名です[02]。

たとえば移動をサポートする価値を実現するためのプロダクトをつくるとしたら、その一部分の車輪だけをつくっても意味がありません。最終的に自動車などのプロダクトをつくり切る必要がありますが、もし失敗するとそれまでの開発コストはすべて無駄になります。そこで、スケートボードやキックスケーターなどといった移動に必要な最小限の機能を持つ製品を実装し、ユーザーの反応を見ながら段階的にアップデートを行っていくべきだということをこの図では示しています。

[02] MVPの考え方

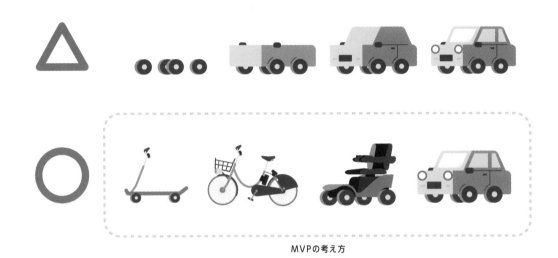

MVPの考え方

開発の各段階で常に価値を実現するための必要最低限なものを開発する

出典：crisp.「Making sense of MVP (Minimum Viable Product) – and why I prefer Earliest Testable/Usable/Lovable (https://blog.crisp.se/2016/01/25/henrikkniberg/making-sense-of-mvp)」を参考に作図

　MVPにはさまざまなタイプがあります。たとえば、2013年にスタンフォード大学の学生4人が起業したフードデリバリーサービスの「ドアダッシュ」は、サービスリリース当初はランディングページ1ページのみを作成し、ユーザーから注文が入ると創業者が自ら近隣のレストランで購入した料理を自分たちの車でデリバリーしたそうです。

　「とにかく顧客に価値を届けるために必要な最低限の機能があればよい」という割り切りによって、できる限り早くサービスをリリースし、ユーザーからの改善のフィードバックを得ることが重要なポイントになります。

　大企業の場合、方針を転回する前提をおいたり、試験的なサービスの実施をしたりすることがハードルの高い場合もあります。デザイン思考のアプローチがはらむ不確実性に理解が得られない場合、せっかく検討したサービスアイデアが「売れる確証がない」「マーケットがまだない」といった理由でお蔵入りしてしまうこともよく起こる現象です。プロジェクトを進めるうえでは、組織の状況やステークホルダーとの関係性を踏まえていかにしてできる限り小さく具体的に実現するかを考えることも重要になります。

◆ 実現フェーズの考え方

実現フェーズでは、サービスのプロトタイピングを行うためにこれまで実施してきたような4つの思考のモード全体を、検証的な目的で小さく全体的に回すことが求められます。

具体的なプロトタイプを制作するのは、具体制作モードです。そこから複数のモードを切り替えながら、ユーザーテストによる検証、分析、改善方針策定、と行い、またプロトタイプの制作（改善）へと戻ってきます[03]。

ここでは前述した通り、基本的なプロトタイピングとユーザーテストの考え方は、展開フェーズと変わりません。しかし実現フェーズでは、最終的なリリースに向け考えを拡散させるのではなく、収束させていくという点が大きく異なります。

拡散の場合は、幅広い可能性を探るため、具体を想定しつつもコンセプトレベルの抽象度の高いアイデアを考えていくことが求められました。しかし収束の場合は、どのようなユーザーに向けて、どのような価値を提案していくのかを再定義しながらプロトタイピングを繰り返して、ユーザーからのフィードバックを得て可能性を絞り込んでいきます。

このような場合には、さまざまな検証方法がありますが、たとえばフィジカルなプロダクトの場合には「ダーティプロトタイプ」などと呼ばれるダンボ

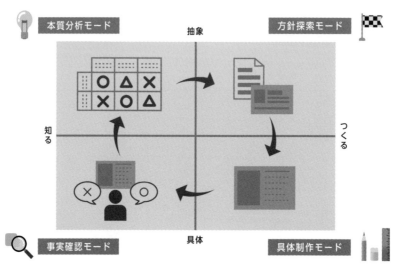

実現フェーズでは、プロトタイピングを通してサービスを継続的に改善していく

[03] 実現フェーズの考え方

ールなどで非常に簡易的につくったプロトタイプを使い、ユーザーが実際に利用しやすいか、実際にどのような使い方がされるのか、などを試してみることも有効です[04]。

　再び「IoTトイレ」で考えてみます。何らかのセンサーが内蔵され、トイレを使うたびに自分の健康に関するバイタルデータや病気の有無がわかる、というような製品です。このような製品の価値を検証するためには、本物のトイレやバイタルデータを測るためのセンサーは必要ありません。まずはユーザーがどのような体験をし、それに価値を感じるかどうかを測ることが重要なので、段ボールでつくったトイレの模型とそれを実際に使ってみる（ふりをする）ためのシナリオ、ロールプレイを行うための数

人のメンバーなどである程度の価値検証は十分に可能です。朝と夜両方で計測がされるべきか、データが取得できない状況こそが便秘などの注意すべき状況ではないのか、データ未取得を不調と外出などとどう区別するか、どのようなタイミングでユーザーにフィードバックするのか、どのレベルの情報を提示するのかなどなど……ロールプレイによって考えの解像度は驚くほどアップしますが、恥ずかしさがあるためか、ロールプレイなどのクイックなテストもせずに企画を練り上げてしまうケースも多いように思います。

　このフェーズでは、事実確認モードで開発したプロトタイプをもとにユーザーに対してインタビューなどを行い、フィードバックを得ていきます。ユー

デザイン思考ワークで参加者が作成した、未来の食のあり方を考えるためのプロトタイプ
©Concent, Inc.

［04］ラフプロトタイプ

ザーがサービスを誤解していたり、利用意向が低かったりしたとしても、説得をするのではなく、貴重なフィードバックとしてしっかりと受け止めることが重要です。

そして、本質分析モードでこのようにして得られた情報を整理・分析し重要な点を抽出し、フィードバックから示唆を得ていきます。そして方針探索モードで、次に何をすべきかの方針を立て具体制作モードで、新しいバージョンのプロトタイプを作成します。いずれの段階でも、一度開発したプロトタイプを検証する客観的な視点が重要です。このようなサイクルを何度か回すことによって、自分自身で気が付かなかったような、新たな価値が発見されることもあります。

プロトタイピングによって、高精度なものを一度につくってしまうよりも、確実に速く低コストで多くのアイデアを試すことが可能になります。

そのほかにもさまざまな手法があります。目的に応じて選択ができるとよいでしょう。筆者は、コンセプト検討の段階でクイックにサービスの価値検証を行うために利用できる「コンセプトインプレッションシート」と呼ばれるコンセプトの視覚化を行う手法を頻繁に利用します[05]。

検証を行う際には、サービスが顧客に対して提案する価値を仮説的に定め、それを仮想のパンフレットのようなツールとしてデザインします。プロトタイプとして具体化しながら考えることで、サービス開発に必要な要素を具体的に考えることができますし、関係者間で共通認識を持ち議論を加速させることができます。

コンセプトインプレッションシートを作成するメリット。リンク先記事で具体的な事例を紹介
出典：株式会社コンセント「サービス開発の走り始めに効果あり『コンセプトインプレッションシート』の活用(https://www.concentinc.jp/design_research/2020/03/cis/)」

[05] コンセプトインプレッションシートの効果

サービスデザインってどんなもの？

　本書では、デザイン思考を中心にデザインの考え方を紹介してきました。デザインの考え方を今後より活用していきたいと考える方のために、サービスデザインという考え方についても紹介します。正解のない課題が増える今後の社会では、包括的視点でデザインの考え方を適用していくサービスデザインが活用できるケースが増えていくと考えられるからです。

　サービスデザインは、デザイン思考やHCDなどを内包する広い概念で、より社会全体を含めた包括的視点で問題を捉えるという点にデザイン思考と比較して大きな違いがあると考えます。簡潔に定義することが難しく、実際、書籍『This is Service Design Doing』では、「呼び名は何でもかまわない。大事なのは、何をどう実行するかだ」（スティックドーンほか、2020、P.41）と述べられています。確かに、定義にとらわれるよりも柔軟に考え実践していくことが望ましいですが、実践に向かうためにも概要だけはここで紹介したいと思います。

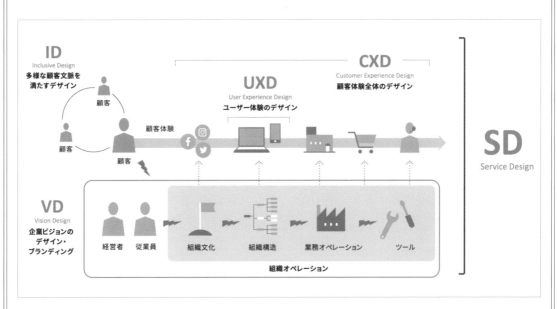

[01] サービスデザインの全体像を整理したマップ。ユーザー（顧客）体験のデザインに加え、それを実現するための組織と組織オペレーション、インクルーシブデザイン、ビジョン策定・ブランディングなども含め包括的にデザインする
©Concent, Inc.

サービスデザインを一言で表すと、「ユーザー中心の視点で持続的に価値を生み出す仕組みを包括的視点でデザインすること」といえます。ユーザーが接する個別のサービス体験だけではなく、それを生み出すための組織や、その組織やサービスが社会的にどのような役割を果たすべきか、といった点も含めた全体をデザインの対象とします[01]。

1980年代のマーケティングや組織マネジメントの研究に端を発し、2000年代初めごろ海外にサービスデザインのコンサルティングサービスを提供するさまざまなデザイン会社が現れたことを皮切りに官民多くの組織に広まりました。

紙幅の都合上、詳細な説明はできませんが、サービス・ドミナント・ロジックと価値共創、ソーシャルイノベーション、ユーザー体験デザイン、インタラクションデザインなどといった新しいビジネスのあり方、ビジネスを構成するサービスのユーザー接点、これらを包括的に捉える分野として、いまなお発展を続けています。ここでは、サービスデザインの考え方が端的にわかる6原則を挙げます[02]。ご関心をお持ちの方はぜひ詳しい内容を調べて、そして実践していただければと思います。

サービスデザインの原則

①人間中心（Human-centered）
サービスの影響を受けるすべての人のエクスペリエンスを考慮する。

②共働的であること（Collaborathion）
サービスデザインのプロセスには多様な背景や役割を持つステークホルダーが積極的に関与しなければならない。

③反復的であること（Iterative）
サービスデザインは、実装に向けた探索、改善、実験の反復型アプローチである。

④連続的であること（Sequential）
サービスは相互に関連する行動の連続として可視化され、統合されなければならない。

⑤リアルであること（Real）
現実にあるニーズを調査し、現実に根差したアイデアのプロトタイプをつくり、形のない価値は物理的またはデジタル的実体を持つものとしてその存在を明らかにする必要がある。

⑥ホリスティック（全体的）な視点（Holistic）
サービスはサービス全体、企業全体のすべてのステークホルダーのニーズに持続的に対応するものでなければならない。

[02] 出典：スティックドーンほか、2020、P.57

PART

2

デザイン思考の
ケーススタディー

SECTION 01

ケーススタディーの見方

デザイン思考を実践するためのヒントを得るために、
デザイン思考のケーススタディーを
「新しい課題の発見」と「新しい仕組みの構築」の2つの視点で考えていきます。

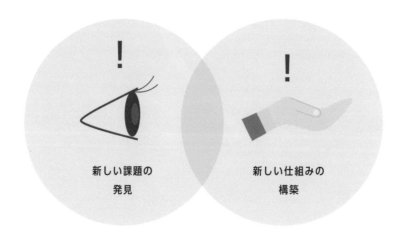

新しい課題の
発見

新しい仕組みの
構築

◆2つの視点から見るケーススタディー

　PART2では、デザイン思考のケーススタディーを紹介します。ここでは、「プロセスとしてデザイン思考を使っているか」ではなく、私たちがデザイン思考を活用して課題解決に取り組む際にヒントとなるようなものを選びました。

　なぜならば、PART1で説明した通り、デザイン思考は誰もが創造的に課題を解決するために形式知として整理されたプロセスです。実際にそのプロセスを利用しているかどうかは、最終的によいサービスを実現するための絶対条件ではありません。そのため「デザイン思考を使ったケーススタディー」を見ても、実際にやってみようとした際にどのようにデ

ザイン思考を実践するかのヒントが得られないことも多いと考えています。

そこで本書では、実践に向けてヒントを得るために、それぞれのケーススタディーの概要に加え、デザイン思考を実践していくうえで注目すべき点を2つの視点から考えます。1つ目の視点は「新しい課題の発見」、2つ目は「新しい仕組みの構築」です。

「新しい課題の発見」は、ケーススタディーにおいてどのような課題を発見したか、「新しい仕組みの構築」は、どのような解決策を構想しサービスとして実現したか、です。

「新しい課題の発見」に関しては、公開情報からは実際にどのように課題定義されたかがわからない場合もありますが、課題定義の視点を踏まえることが実践に向けたヒントとなると考え、ケーススタディーの内容や状況からプロジェクトにおける課題を考

察しています。「新しい仕組みの構築」は、ケーススタディーにおいてユーザーに価値を届けるためにどのようなサービスが構築されているかを記載しました。

事例としてはまずデザイン思考を使ったケースとして紹介されることが多いスタンダードな事例を取り上げました。さらにデザイン思考を使っているかどうかに関わらず、この2つの視点から見てヒントが得られると考えたケースを、いくつかの事業領域からピックアップしました。

なお、本章全体で紹介したいトピックの構成上、事例によっては2つの視点のうち、とくに取り上げるべき「新しい課題の発見」の視点のみを紹介しているものもあります。それぞれのケーススタディーから得られるヒントをサマリーとして示します[01]。

製品・サービス	発見された課題からのヒント	構築された仕組みからのヒント
医療用機器	・ユーザーの主観的世界の理解	—
家庭用ゲーム機	・組織文化としての「価値創造思考」と「プロトタイピング思考」	—
スマートホーム機器	・ビジョンの重要性	—
携帯音楽プレーヤー	—	・ユーザー中心の一貫したサービス体験構築
スーパーマーケット	—	・データ活用 ・オンラインとオフラインの融合
遠隔医療サービス	・社会的、人道的視点での課題定義	・テクノロジーとヒューマンタッチの両立 ・サービスの長期的信頼獲得
損害保険	・既存ビジネスモデルの再構築 ・新しい世代の価値観に寄り添う	・顧客接点のデジタル化 ・AI・データ活用
シェアサイクル	・包括的・包摂的視点での課題定義	・ブランディングと包括的（ホリスティック）な視点を統合したサービス構築

[01] ケーススタディーごとのポイント

SECTION 02

医療用機器から考えるデザイン思考

GEヘルスケア社は、子どもたちにとってときに恐ろしい体験だった
MRIのユーザー体験を「アドベンチャー体験」として再定義することで、
診療体験を改善することができました。

◆ユーザーの主観的世界を理解する

サービス概要

　GEヘルスケア社は、世界最大の総合電機メーカー、ゼネラル・エレクトリックのグループ企業で医療関連のさまざまな製品を扱う企業です。同社の製品の1つに、強力な磁気の力を利用して診断のために臓器や血管の画像を得るMRI（磁気共鳴画像装置）があります。検査の内容によりますが、検査時間はおよそ30〜60分と比較的長くかかります。さらに、検査中は筒状の狭い場所に入るうえ、工事現場のような機械音が聞こえてきます。

　GEヘルスケア社でMRIの開発に携わっていたダグ・ディーツ氏はある日、製品を利用する少女がMRIに対する恐れから涙を流して怯えており、長時間の検査を行うために麻酔を必要とするシーンを目の当たりにし、強いショックを受けます。MRIを利用することは、少女にとってはよくわからない巨大な機械のなかに入るという恐怖の体験だったのです[01]。

　製品を改善したいと考えていたディーツ氏は、そ

の後上司からデザイン思考を学ぶことを勧められ、米スタンフォード大学のd.schoolでデザイン思考を学びます。その後、子どもの観察や小児科の専門医に対するインタビューを行い、彼が目の当たりにした子どもの反応に対する深い理解を得ます。

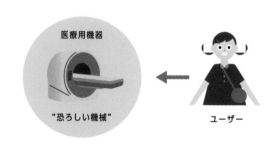

体験の質は、ユーザーの主観で決まる。子どもにとってのMRIは"恐ろしい機械"

[01]　主観的な体験

そして、GE社内のボランティアチームや地元の博物館の専門家、病院の医師・スタッフなどの助けを借りながら、MRIをアドベンチャーとして再定義する製品のプロトタイプを作成し、ピッツバーグ大学医療センターの小児病院でパイロットプログラムとして導入しました。

その結果、冒頭の少女のように麻酔を使用しなければならない小児患者の数は劇的に減少しました。

麻酔科医の必要性が下がったため、より多くの患者がMRIを利用できるようになり、患者満足度は90%に上昇しました。複雑な技術開発はせず、小児患者への共感にもとづく、遊びを取り入れた製品のプロトタイプを作成し実際に試してみることによって、課題が解決できることを実証したのです。現在は、Adventure Series for MRとしていくつかのシナリオのMRIが製品化されています[02]。

出典：GE Healthcare「Adventure Series for MRウェブサイト(https://www.gehealthcare.com/products/accessories-and-supplies/adventure-series-for-mr)」

[02] GEヘルスケア社 Adventure Series for MR

新しい課題の発見

この事例は、デザイン思考の代表的な事例としてよく取り上げられます。一方で「このようなアイデアを思い付くためにデザイン思考が必要なのか」といった批判もあります。もちろん、デザイン思考を必ず使う必要はありません。

そもそも、この事例のMRIが子どもにとっては恐怖の体験である、という重要なインサイトは、デザイン思考のプロセス開始前にディーツ氏の個人的な体験によってすでに得られていたともいえます。ある意味で、もともと必ずしもデザイン思考によってインサイトを得たわけでもないのです。PART1で紹介したようにデザイン思考は、共創によって課題解決を図るための共通言語です。イノベーション創出のために必須のものではありませんし、プロセス通りに実施して必ず結果が出るものでもありません。発見された課題をHow Might We形式（P.66参照）で表現するならば、「我々はどのようにしてMRIを子どもにとって楽しいものにできるだろうか」といったものになるでしょう。How Might We形式のパターンで考えると、反対を探す、や感情に注目する、のミックスといえます。

それでは、このケースから得られる課題の発見に関するヒントはなんでしょうか。それは、ユーザーの主観的世界観を理解することの重要性です。なぜなら、新しいサービスを実現するためには、プロセスにのっとり客観的な視点で課題定義をするだけではなく、ユーザーから見た物事の捉え方を自分ごと、さらには関係者全員にとっての共通した見解にする必要があるからです。全員が同じ見解を共有し、取り組みが重要だという認識があることで、多くの方が関わるプロジェクト全体として推進するための活動がしやすくなります。

仮にこの事例と同じような課題を定義し同じアイデアを思い付いたとしても、実現するためにはハードルがあります。とくに医療の現場では、命を最優先にした判断やコミュニケーションが行われており、特定の医療機器の特定のユーザー体験をよくするという取り組みに、ステークホルダーの理解を得ることにも苦労があったのではないかと思います。ユーザーから見た世界が望ましいものでない、という確信が周囲のさまざまな逆境を乗り越えていくための重要な要素になるのです[03]。

しかし、実際のサービス開発、改善の現場において、ユーザーの主観的な視点から課題を把握するには努力が必要です。たとえば、デジタルサービスを使い慣れていない高齢者や子どもにとって、オンラインサービスを利用する体験はどのようなものでしょうか？　こうした医療機器などの特定の分野における専門家はどうしても専門家としての視点から物事を見るよう訓練されているために、サービス改善につながるような、ユーザーが主観的に感じている課題が発見しにくいのです。

そのため、デザイン思考のプロセスではユーザーに対して定性的なリサーチを行い情報を得ていくと同時に、調査者やプロジェクトのステークホルダーがユーザーの主観的な視点から物事を見られるようにしていくことが重要なのです。このような点から、ユーザーリサーチによって得られるインサイトを、調査者の考えを変えるものとして「Eye Opener」と呼ぶエージェンシーもあります。

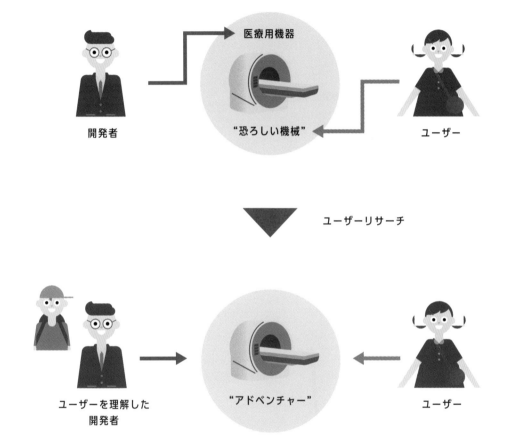

ユーザーリサーチを通して、ユーザーの視点を自分ごと化することがユーザー視点で解決策を構想し、実現する助けになる

[03] ユーザーリサーチの役割

SECTION 03

家庭用ゲーム機から考えるデザイン思考

任天堂は競争の加速する家庭用ゲーム機市場で、
ユーザーにとってゲームとはどのようなものであるべきかを、
ユーザー中心の視点で捉え革新的な製品を実現させてきました。

◆ 発見を生かす組織文化とは

サービス概要

　デザイン思考の活用事例として有名なのが、任天堂の家庭用ゲーム機「Wii」です [01]。Wiiはリビングに置くことを想定し、本体はDVDのケースを2〜3枚重ねた程度のコンパクトなサイズです。ユニークな形状のコントローラー「Wiiリモコン」が付属しており、振ったり画面を指し示したりといった直感的な操作を可能にし、それを取り入れたゲームタイトルが多く発売されました。そのため、ゲームに不慣れなユーザー層に広く受け入れられる結果と

出典：The Wii console by Nintendo. Featured with the Wiimote. By Evan-Amos - Own work, Public Domain, https://commons.wikimedia.org/w/index.php?curid=11314509

[01] 任天堂 Wii

［02］Wiiは家庭用ゲーム機の意味を再定義した

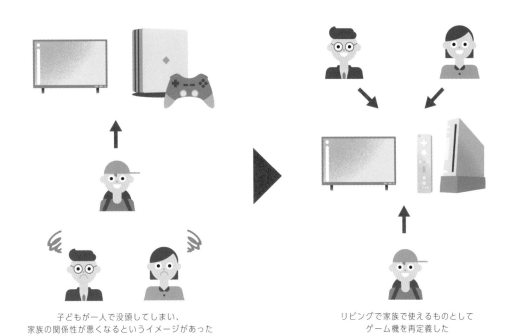

子どもが一人で没頭してしまい、
家族の関係性が悪くなるというイメージがあった

リビングで家族で使えるものとして
ゲーム機を再定義した

任天堂はゲーム機を家族をつなぐものとして再定義した

なり、最終的に1億163万台の販売台数を誇るヒット商品となりました。Wiiが発売されたのは2006年、当時の家庭用ゲーム機はソニーのPlayStation 3やMicrosoftのXbox360など、おもにグラフィック性能のスペックを競い、いかにリアルなグラフィックを使ったゲームを提供するかということが争点の1つでした。任天堂はこのような状況のなかで、ゲーム機の家庭における意味に着目し、Wiiを家族をつなぐためのものとして再定義をした結果、爆発的なヒット商品を生み出しました［02］。2020年時点では、このような観点を受け継いだ「Nintendo Switch」が同じく好調です。

　Wiiを開発するにあたって、任天堂社員は以下のようなステップを踏んだそうです。まず社員の家庭

についてリサーチをし、ゲーム機は「親子関係を悪化させる」「子どものリビング滞在時間が短くなる」といった負のイメージがあることを発見しました。そこでゲーム機による親子関係の悪化という負のイメージを解消するために、家族で楽しむことができて、親子関係をよくするゲーム機を開発するというコンセプトを決めたそうです。その後、コンセプトに合った多数のアイデアを出し、それをもとに1,000回以上のプロトタイピングを繰り返し完成させたのがWiiです。

新しい課題の発見

Wiiの事例は、デザイン思考のプロセスを商品開発に適用した事例としてよく取り上げられます。この事例で定義された課題を How Might We 形式で表現すると、「我々はどのようにして家族のコミュニケーションを阻害する（と思われている）ゲーム機を家族のコミュニケーションツールにすることができるだろうか」とでもなるでしょう。

この事例のポイントは、発見を生かして価値につなげていくための組織文化の重要性です。競合他社がスペックを重視した商品開発を行っている際に、他社と差別化した方向性で新しいコンセプトを立ち上げ、競争力のあるプロダクトにつなげています。デザイン思考を導入する場合、これまでの考え方のバイアスが強く新しい視点で物事を考えられなかったり、組織上の問題で新しい取り組みに承認が得られないといったことが原因で、新しい視点での課題定義ができない、もしできてアイデアを検討したとしても、実現にまで至らない、ということも往々にして起こります。

なぜ任天堂は、このような新しい課題定義のもとに商品開発を行うことができたのでしょうか？　そこには、発見を活かして価値につなげていくための「価値創造思考」と「プロトタイピング思考」が組織全体に浸透していたのではないかと考えます。それがリサーチで得られた発見を新しい価値、製品として結実させることを助けたのではないでしょうか。

これらは、任天堂のチャレンジの歴史を見るとよくわかります。任天堂には、技術者である横井軍平氏が提唱した「枯れた技術の水平思考」という有名な開発哲学があります。すでに市場において新しさがない「枯れた技術」を低コストで別の用途に利用することで、新しい価値を生み出すという考え方です。

任天堂ではWiiなどの家庭用ゲーム機以前にも、枯れた技術の水平思考によって子ども用の玩具でもさまざまなヒット商品を開発していました。1989年発売のゲームボーイでは、小型の液晶テレビの普及で低価格化が進んだモノクロ液晶の活用などにより、持ち運んで外で遊べるという価値を低コストで実現し、他社の追随を許しませんでした。その後、90年代半ばに発売されたバーチャルボーイと呼ばれるゲーム機では3D映像をゲームに取り込むなど野心的な試みを続けてきました。

これはまさに、ユーザーにとって何が価値であるかを考えて商品開発を行うユーザー中心の価値創造思考、試作を繰り返してアイデアを具現化するプロトタイピング思考であり、破壊的イノベーションの実践にほかなりません。ちなみに、イノベーションにはいくつかの類型があり、既存技術を利用したイノベーションは一般に低価格を実現することにより

新市場を創造するものとされますが、このケースは新しいユーザー価値をつくり出し新市場を創造したパターンといえるでしょう。

　このように、任天堂では新しい価値を探索し、それをプロトタイピングによって形にしていくことを連綿と続けてきました。デザイン思考のような不確実な状況のなかで試作を繰り返しながら新しい価値を模索するプロセスの成功は、そもそもそのような探索的な活動を許容するか、チャレンジをしていくことを推奨するか、という組織的な文化や環境によって大きな影響を受けます[03]。

　もしそのような文化や環境がないのであれば、スモールステップで少しずつ取り組みを拡大させてい

く進め方が有効です。まずは既存サービスの改善に対してデザイン思考のアプローチを適用して成果を積み重ねながら少しずつ周囲を説得したり、新しいアイデアを具体化する際に企画だけではなくプロトタイピングによってプロダクトのコンセプトやモックアップまでクイックにつくってしまい、価値検証までを行って社内に対しプレゼンをしたりなどのアプローチが有効かもしれません。

　どのような取り組みが有効かはプロジェクトのテーマや組織の状況に応じてケースバイケースですが、本書のPART3、P.158でもスモールステップでのデザイン思考組織導入について紹介していますので、ご参照ください。

文化・環境

デザイン思考プロセスで新しい発見からチャレンジをしていくためには組織の文化や環境も重要

[03] 文化や組織から新しい価値を模索

SECTION 04

スマートホーム機器から考えるデザイン思考

2014年にGoogleに買収されGoogleグループの一員となった「Nest」は、
人が家でどのように過ごすべきかの明確なビジョンをもとに、
サーモスタットを再定義し新しい価値を創造しました。

◆ビジョンの重要性

サービス概要

Nest社は、AIを搭載したスマートなサーモスタット「Nest Learning Thermostat（以下、Nest）」の開発を行ってきた企業です。イノベーティブなサービスの代表的な事例としてよく取り上げられるため、名前を聞いたことがある方も多いのではないでしょうか。

サーモスタットは日本ではあまりなじみがありませんが、欧米で普及している空調管理のための装置のことを指します。家庭全体をセントラルヒーティングシステムによって一括して管理する際に必要となる装置です。室温を指定しておくと、室温が指定温度より低い場合にはサーモスタットが暖房をオンにします。そして指定室温に達するとオフにします。この挙動によって室温を一定に維持できます。

Nestはサーモスタットに、ユーザーが入力した室温を記憶し、調整の好みを自己学習する機能を付けたスマートな製品です。これによりユーザーは、サーモスタットを利用して空調を管理することから解放され、サーモスタットに見守られ快適に過ごすことができるようになりました[01]。

Nest社は、元Apple幹部が2010年に立ち上げ、2014年にはGoogleによって32億ドルで買収されました。現在はGoogle Nestとして、スマートスピーカーなどの製品も含めスマートホームプラットフォームを構成するデバイス群を提供する企業となっています。

Nestの革新的なポイントは、室温をコントロールするための装置に、新しい機能を追加することでユーザーにとってのサーモスタットの意味をまったく変えたことです。これまでは、ユーザーが家の管理をするために室温調整の必要性を判断しサーモスタットをコントロールしていました。しかしNestを利用することによって、ユーザーは室温のコントロールといった家の管理から解放されます。つまり、サーモスタットが単なる室温コントロールのユーザーインターフェースから、ユーザーを仕事から解放する「管理人」に変わったのです[02]。

[01] Nest Learning Thermostat

出典：Photo by Dan LeFebvre on Unsplash（https://unsplash.com/photos/RFAHj4tI37Y）

新しい課題の発見

　この事例で定義された課題を How Might We 形式で表現すれば、「我々はどのようにしてユーザーを家の管理から解放して自宅で家族と共にくつろげるようにできるだろうか」となるでしょう。

　最初にお断りしておくと、この事例はデザイン思考プロセスではなく、意味のイノベーション（デザイン・ドリブン・イノベーション）アプローチの実践例として紹介されることが多い事例です。意味のイノベーションは、ミラノ工科大学のロベルト・ベルガンティ教授が提唱するイノベーション創出のための考え方です。意味のイノベーションは、「デザイン」という言葉の定義やイノベーション創出のためのプロセスがデザイン思考とは異なります。たとえば「デザイン」とは、モノに意味を与えることであり、プロセスでは関係者が主体的に熟考し批判的にディスカッションを繰り返すことを重視しています。

　元Apple幹部の社員2人がNestを創業した際には、ユーザーリサーチを行い事業アイデアを得るのではなく「人は家庭のなかでサーモスタットの隣にいるのではなく家族と共に過ごすべきだ」という強い想いをもとに、ディスカッションを繰り返しアイデアを具現化していったそうです。その結果AIによってユーザーの室温の好みを自己学習し、ユーザーを家の管理から解放するという新しい意味を持ったサーモスタットを生み出しました。

［02］Nestはサーモスタットの意味を変えた

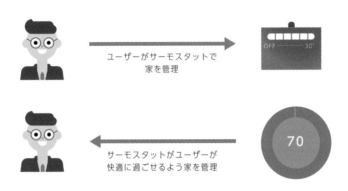

ユーザーがサーモスタットで
家を管理

サーモスタットがユーザーが
快適に過ごせるよう家を管理

Nestはこれまで温度管理のインターフェースだったサーモスタットをユーザーを家事から解放する管理人に変えた

デザイン思考の実践にもビジョンが重要

　それでは、この事例のデザイン思考実践におけるポイントは何かといえば、ビジョンの重要性と考えられます。ビジョンとは「こうあってほしい」という理想の未来像です。その理想像と現実を比較した際のギャップを認識することで、ギャップを埋めるための活動を行うモチベーションが生まれます。

　新しい価値を創出するためのデザイン思考のプロジェクトは不確実な領域を探索するプロセスであるため、何を理想とするか、何を目指すのか、というビジョンがなければどのような領域で探索を行うのか、ユーザーリサーチの結果で重要なことは何か、の判断軸を客観的な指標でしか測れなくなり、結果これまでにない新しい視点を獲得できません。

　デザイン思考のプロセスでは、ダブルダイヤモンドプロセス（P.13参照）のスタート地点が「チャレンジ」となっている点に、主体的にビジョンを持つ

ことの重要性が示唆されていると考えます。しかし、ダブルダイヤモンドプロセスを含むPART1で紹介したいくつかのフレームワークは、ビジョンの重要性について強く訴求してはいません。その代わりに、改善点を修正するようなサービス改善や新しい視点から価値を創造するサービス開発なども含め、多様なシーンで汎用的に使えるプロセスとなっていることが強みなのです。

　デザイン思考でユーザーリサーチを通して新しい価値を創出するためには、得られた発見によって、調査者のこれまでの視点を更新するインサイトを得られることが重要です。リサーチの際に観察者の視点を更新するようなインパクトの強い発見が期待されることが多いと思いますが、あくまでもインサイトは調査者の主観的な気付きであり、調査結果と調査者の課題意識や想いが呼応した結果です。

　Nestでいえば、家庭内の行動観察調査によって1

日に何度もサーモスタットを利用している状況から、人々の暮らしにとって家の管理という作業が多いことが課題である、と結論付ける可能性もありえます。しかし、そもそもユーザーも家の管理を当たり前と認識しており、調査者も家人が家の管理をするものであると考えていれば、家の管理の多さを課題として取り上げる可能性は低いでしょう。

デザイン思考のプロセスを実施する場合には、前提となるビジョンを問い直したり、ユーザーの主観的な世界の捉え方に触れ改めてビジョンを考える機会や視点を持つことが重要です。

デザイン思考がインサイトをユーザーという外部に求めるのに対し、意味のイノベーションは想いや熟考という内部を深めていくアプローチを取ります。このような違いから、デザイン思考は探索領域が明らかな既知の課題解決のために向き、意味のイノベーションは探索領域が不明な新しい意味を創造することに向く、とされる場合もあります。しかし、これらはあくまでもプロセスの特性の違いです。プロセスの違いに目を向ける前に、プロジェクトを進める前提にビジョンがあるか、リサーチを通してビジョンが得られたか、を注意深く検討しながら統合的に考えるべきです[03]。

デザイン思考のプロセスにおけるビジョンの重要性についてはPART3のP.149でも紹介していますので、あわせてお読みいただければと思います。

デザイン思考では、ユーザーに対する
リサーチからインサイトを得る

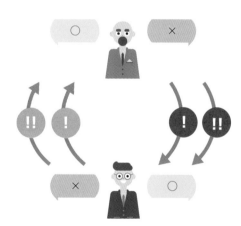

意味のイノベーションでは、個々人の考えを
ぶつけ合い新しい意味を探求していく

デザイン思考のインサイト獲得のプロセスと意味のイノベーションのプロセスの違いのイメージ。実際には、意味のイノベーションのプロセスでは段階的にディスカッションをする人数が増えていく

[03] デザイン思考のプロセスと意味のイノベーションのプロセス

SECTION 05

携帯音楽プレーヤーから考えるデザイン思考

Appleは、iPodを開発する際にデザイン思考のプロセスを適用し
ユーザーニーズを捉え、音楽の聴き方を一変させるプロダクトを生み出しました。
そしてユーザー中心視点で、巨大なサービス生態系を構築しました。

◆ユーザー中心視点での一貫したサービス構築

サービス概要

　Appleから初代iPodが発売されたのは2001年。2020年現在、販売されているiPodはiPhoneとほぼ変わらない形状のiPod touchシリーズのみとなっています。現在ではiPhoneが1台あればApp Storeからダウンロードできるモバイルアプリによって、音楽を聴いたり仕事をしたり、さまざまなことができてしまいます。MacBookやiPhoneを使っているが初代iPodをご存じない方も増えてきているかもしれません。

　このような、あらゆることができるデバイスとそれを実現する多彩なアプリを提供するプラットフォームをAppleが実現することになった大きなきっかけの1つが、iPodといえるのではないでしょうか。

　iPodをご存知でない方のために簡単に説明すると、小型のハードディスクにモノクロ液晶画面、物理的に回転する円形のホイールやクリックできるボタンが付いた音楽プレーヤーです。当時としては大容量の5GBのハードディスクを搭載しており、後述する

iTunesに取り込んだ楽曲データをまるごと外に持ち出すというコンセプトで開発されました[01]。iPodが誕生した2000年代初頭は、インターネットを通じて楽曲を配信するサービスがすでに登場してはいたものの、権利関係の問題などから中心的なサービスが生まれておらず、携帯音楽プレーヤーは音質やバッテリーの持ち、本体のデザインなどといった技術・意匠面での競争が激しい状況でした。

　このiPodはデザイン思考の代表的な事例としてよく取り上げられます。しかし、一方で「Appleはユーザーに対してマーケティングリサーチを行わない」とよくいわれます。これは、Apple、とくにスティーブ・ジョブズ氏が消費者に対して「どのようなものがほしいか」と問いかけるようなインタビューに否定的だったために広まった誤解と考えてよいでしょう。顧客がどのようなものを欲しているかを捉え、ユーザー中心で開発を行うという視点ではむしろ徹底したマーケティングリサーチを行っているといえます。その一例がこのiPodです。

[01] iPod

出典：Photo by Cartoons Plural on Unsplash (https://unsplash.com/photos/LFeuBkKn9_A)

デザイン思考プロセスを適用した流れ

Appleはまず、ユーザーがどのように音楽を聴いているのか、観察調査を行いました。当時は、楽曲データをCDから抜き出してパソコンに保存するリッピングと呼ばれる作業を行い、パソコンに保存した楽曲データをさらに携帯音楽プレーヤーに保存するということを行っていました。調査では、多くのユーザーがその作業を手間に感じているということを発見します。

その解決方法としてAppleが考えたのが、iTunesという楽曲データの管理アプリケーションでした。iTunesは、楽曲データをリッピングする際にインターネットのデータベースから自動的に曲名やアーティスト名などのデータを取得し、リッピング後のデータに付与します。これによりユーザーが自身のCDコレクションをパソコンに取り込み、好みのミュージックライブラリを手軽につくることができるようになりました。しかし、iTunesをリリースした当初

はすでに複数の企業が音楽市場に参入済みで、携帯型音楽プレーヤーも複数の企業が発売しており、Appleは後発組でした。

しかし、Appleは既存の携帯型音楽プレイヤーは楽曲のデータ転送に非常に手間がかかり使いづらいものだったことに不満を持ち、自社での開発を決定します。それがiPodです。同時期に大容量で小型のハードディスクが開発されたことで、ポケットに収まるサイズで自分のミュージックライブラリーをまるごと外に持ち出すことができる製品開発が可能になりました。その後、プロダクトの試作品を幾度もつくり、改善を繰り返しiPodが完成します。プロトタイピングは約2カ月に渡り、100以上のプロトタイプが制作されたといいます。

ユーザーのニーズを掴み、ハードウェア、ソフトウェアの両面で圧倒的な使いやすさを実現することによって、iPodは発売と同時に大ヒットを記録しました。iPod発売2年後の2003年には楽曲の販売をオンラインで行うiTunes Music Storeが開設され（日本での展開は2005年）、手持ちの音楽CDをパソコンにリッピングすることから、次第にオンライン上で音楽を購入するというスタイルへの移行が始まりました。

その後も、Appleはさまざまな改良を重ね、ハードウェア、ソフトウェアが一体化したAppleのサービス生態系を構築していきました。現在ではパソコン、タブレット、スマートフォンを中心に、腕時計、イヤフォン、スマートスピーカーなどのハードウェアとApp StoreやApple Music、AppleTVといったアプリや音楽、映画などを提供するサービス、さらにハードウェア同士を連携させるためのクラウド

やBluetoothを利用した各種機能などを提供する垂直統合型の巨大なサービス生態系ができ上がっています。

新しい課題の発見

iPodの開発ではユーザーの観察調査を行い、CDをリッピングして携帯型音楽プレーヤーに移すことが面倒に感じられていた、ということが発見されました。確かにこのような発見は、ユーザー調査から得られた重要な発見です。課題を、あえてHow Might We形式でいうならば「どのようにして我々は、ユーザーを面倒なリッピング作業から開放することができるだろうか」とでもなるでしょうか。

しかし、当時の携帯音楽プレーヤーでは、さまざまな楽曲データのフォーマットが存在していたり、プレーヤー開発企業がそれぞれ独自の楽曲データのリッピング・転送アプリケーションを開発していたり、などユーザーが置かれた状況を考えれば、ある意味で自明のことであるともいえます。また、iPod単体でいえば、iTunesをより活用できる自社製の携帯型音楽プレーヤーをつくりたい、というプロダクトアウト型の発想で始まったともいえるのではないでしょうか。iPodの開発における、デザイン思考活用のヒントは、むしろ解決策であるサービスをどのように構築したのかという点にあると考えます。

新しい仕組みの構築

重要なのは、技術的な目新しさではなく、徹底したユーザー中心視点で、快適で質の高いあるべきサービス体験を構築した点です。とくにハードウェアとソフトウェアを組み合わせた総合的な製品づくり、

可能な限り余分なものをそぎ落としたシンプルな体験デザインといったものがAppleの特徴です。Apple以外の携帯音楽プレーヤーがiPodに勝てないのは、物理的なプロダクトのデザインを中心的な検討範囲にしてしまったからだ、という声もありました。

具体的には、iTunesとiPodを連携させる際ストレスなく利用できるように、iTunes側からiPodへ楽曲を同期させるAuto-Sync機能や、目的の楽曲にできる限り少ない操作でたどり着けるようにするための情報設計とユーザーインターフェイスデザイン、楽曲選択がすばやくできるクリックホイールと呼ばれる回転するボタンなどです。さらに、できる限りユーザーにシンプルに音楽を聴いてもらうためにAppleは、電源ボタンを廃止しました。どのボタンでも押せば起動し、放置すれば自動的に電源が切れるようにしたのです。

結果的にパソコンとそこに搭載されたiTunes、iPod。これらが連携してシームレスな体験を提供することにより、これらの製品はセットで多くのユーザーに受け入れられることになりました。その後冒頭に紹介したように、垂直統合型の巨大なサービスエコシステムを構築するに至っています。企業が実際にハードウェアとソフトウェアを連携させたプロダクトや全体的なユーザー体験を構築するためには、それぞれを担当する部署や担当者が狭い範囲の検討に閉じてしまわないよう継続的に連携を行うための仕組みが必要になるでしょう。このような横断的な視点でユーザーの体験を考えるために有効な方法の1つが、カスタマージャーニーマップなどの一連のユーザー体験の流れを俯瞰して見るための視覚化資

料です。

　一方で、カスタマージャーニーマップを描いてみたものの、自社視点から現在知っているユーザー行動を描いてしまい、現状の再確認しかできない、といった声もよく聞きます。このような場合は、ユーザーの視点から見た状況や、構築すべき理想のサービス体験を導き出すことはできません。ファクトにもとづき、しっかりとユーザー中心の視点で体験を捉えると、自社部門の担当範囲とは関係なく、連続性のある体験がユーザーにとって価値があることがわかってきます。場合によっては、自社のサービスを飛び越えて他社のサービスと連携が必要な場合もあります。プロジェクト単位はもちろん、組織全体でもこのようなツールを活用し、ユーザー体験の現状がどのようなものなのか、今後どうしていくべきかという視点を揃えることが重要です。そのために、カスタマージャーニーマップをオフィスの誰もが通る場所に貼り出して常に目に入るようにしたり、廊下の床に一連のユーザー体験を描いたりするなど、ユーザー理解を進めようという取り組みが多くの企業で行われ始めています。

　ユーザーを理解するためには、どのような視点でユーザーを見るかを整理して考えることが重要です。それには、As-Is と To-Be、Inside-Out と Out-side-In という考え方で整理ができます[02]。

　As-Is とは現状、To-Be は理想の状態を指します。たとえば同じカスタマージャーニーマップというツールでも、現状をありのまま描くのか、理想の状態を構想するのか、で内容が大きく異なります。

　これらを意識して描き分けることで、目的に適したアウトプットが得やすくなります。Inside-Out と Outside-In は、ユーザーを見る際の視点の違いです。Inside-Out とは企業の内側、つまり自社のサービス視点で物事を見る視点です。対する Outside-In は企業の外側、つまりユーザーを中心とした視点を指します。

　実際に企業で働いている方にとっては、いきなり視点を変えることは難しいものです。そのため、このような視点の向け方を意識してサービスを検討していくことが重要になります。

	AS-IS 現状	TO-BE 理想
Inside-out 企業視点	サービス現状分析	サービス拡張
Outside-in ユーザー視点	ユーザー行動分析	新サービス企画

ユーザー中心視点でサービス改善や新サービス企画を行うためには矢印のように、まず企業視点をできるだけ排し、ユーザーの行動を捉える必要がある
出典：株式会社コンセント「カスタマージャーニーマップのパターン(https://www.concentinc.jp/design_research/2013/12/customer-journey-map-patterns/)」を参考に作図 ©Concent, Inc.

[02] ユーザー体験を見る視点

SECTION 06

スーパーマーケットから考えるデザイン思考

フーマーフレッシュは、中国のアリババグループが運営する
新しい業態のスーパーマーケットです。
デジタルテクノロジーを活用して新しい消費体験を構築しました。

◆データ活用とオンラインとオフラインの統合

サービス概要

　フーマーフレッシュ（盒馬鮮生）は、中国のアリババグループ（阿里巴巴集団）が運営する、新しい業態のスーパーマーケットです。同社は中国でさまざまなECサービスを展開しており、2019年時点で累計8億人以上ともいわれる多数のユーザーを抱えています。それを基盤として、ビッグデータと情報テクノロジーを利用したオンラインの強みと、オフラインの店舗を融合させ、これまでのスーパーマーケットでは実現が難しかった以下の2つのサービスをユーザーに提供しています[01]。

　1つ目は、店頭の在庫を利用して短時間で配達を行うことができるネットスーパーサービスです。オンラインで注文をすることで、30分以内にスーパーマーケットから商品が届きます。もちろんその場に行って買い物をすることも可能です。このネットスーパーサービスは、基本的に倉庫を使わず店頭の棚にある商品を利用して提供されています。

　2つ目は、スーパーマーケットで扱う食料品を使って、その場で調理し飲食ができるというサービスです。店内に飲食コーナーや「いけす」があり、その場で新鮮な魚などを調理して食べることができます。

　このようなサービスは、グローサリー（食料品）とレストランを組み合わせた「グローサラント」と呼ばれます。魚にはQRコードが付いているものもあり、スマートフォンで読み取れば産地の確認ができるなど、トレーサビリティも配慮されています。食品の安全性が必ずしも担保されているとは言いがたい中国市場において、産地の確認ができたり目の前のいけすで泳いでいる魚を購入したりできることは、ユーザーが安心して購入するための大きな効果を出しているといわれています。

　運営母体となるアリババグループは、ECサイトの「タオバオワン（淘宝網）」や決済サービス「アリペイ（支付宝）」を中国で展開しており、顧客の属性データや購買記録などの行動データを豊富に持っていることから、高精度な需要予測などによりこのよう

［01］フーマーフレッシュのおもな2つのサービス

①オンラインで注文すると
30分以内に商品が配送される

②新鮮な食品を持ち帰ったり、
その場で食べたりできる

フーマーフレッシュはアリババグループが運営しているサービスで蓄積したデータやノウハウをもとに新しいサービスを実現した

なサービスを実現しています。

　たとえば、そもそもの出店計画の段階から、データをもとにきちんと売り上げが上がるような場所を絞り込んだうえで出店を行ったり、注文を受けた際の配達や在庫管理などにデジタル技術を活用して徹底的に省力化しつつ、在庫を抱えないようにデータをもとにした精度の高い需要予測と迅速な補充発注を行ったりしています。

　フーマーフレッシュが登場するまでは、生鮮食品を取り扱うECは以下の理由から各社が手を伸ばしていない業態でした。1つには新しいサービスのため、そもそもどのように顧客を獲得していくのかが課題となること。さらに、生鮮食品の場合新鮮な食品を目で見て買いたいという消費者ニーズが強いため、それをどのように満たすかということ。そして最後の課題は物流チェーンの構築です。生鮮食品を運ぶためには冷蔵配送が必要ですが、配送コストを回収するためには値上げか高価格帯の製品を主軸にすえるかの対応が必要です。多くの品物を取り揃え効率化を行い、配送コストを吸収しながらリーズナブルな価格で提供できる方法が必要でした。

新しい課題の発見

このサービスが取り組んでいる課題をHow Might We形式で定義すると、「我々はどのようにして新鮮で安心できる食材をすぐにユーザーに届けることができるだろうか」といったものになるでしょう。この課題や実現している価値も「すぐに食品を届けてもらえる」や「安全・安心なものを食べられる」など、必ずしも斬新なものではありません。

しかし、ある意味ありふれたニーズに対しデジタルを徹底的に活用したことが、このケースの特徴、デザイン思考のポイントです。課題に対して解答する視点が「データをいかに活用しユーザーニーズを満たしたサービスをつくるか」という、これまでのフィジカルな顧客接点を中心とした視点ではなく、デジタルを融合させた新しい視点になっていることです。

近年、社会全体が急速にデジタル化しています。このような流れはデジタルトランスフォーメーション（DX）と呼ばれます。DXという言葉自体はアナログな業務をデジタルに変えるという意味で使われることも多いですが、もとは情報技術が発展していくことによって人々の生活があらゆる面で変化していくことを意味します。その際には企業のサービスももちろん例外ではなく、アナログのユーザー接点なども含め、デジタル環境が広がり社会全体を包含するような状況が来るだろうといわれています。このようなデジタル化が進んだ環境において、オンラインがオフラインを包含した状況は、OMO（Online Merges with Offline）などと呼ばれます[02]。

新しい仕組みの構築

アリババグループはフーマーフレッシュのような

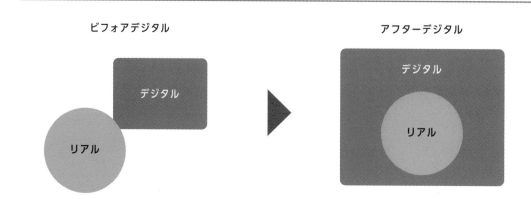

ビフォアデジタル

デジタル

リアル

アフターデジタル

デジタル

リアル

デジタル以後では、リアルのオプションとしてデジタルがあるのではなく、デジタルのなかに一要素としてリアルがある
出典：藤井 保文、尾原 和啓著『アフターデジタル　オフラインのない時代に生き残る』(2019年、日経BP) Kindle版 第2章、1項、図表2-1を参考に作図

[02] Online Merges with Offline

［03］検討範囲の広さと深さ

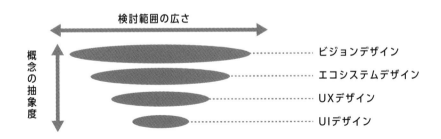

デジタルや社会課題を含め、サービス構想を行う際には幅広く抽象度もまちまちな領域を柔軟に行き来しながら考えることが求められる
出典：厚生労働省ホームページ「NXT ENGINEERING Day1 Vision Design（https://www.mhlw.go.jp/content/11600000/ne_work-text_day1.pdf）」p.42

新しい業態を「ニューリテール」と呼びます。アリババグループはニューリテールを「モバイルインターネットとデータテクノロジーを用いることで、小売業のデジタルトランスフォーメーションを実現し、オンラインとオフラインを融合させた新しい消費体験（原文ママ）」（「オンラインとオフラインを融合させた新しい小売戦略『ニューリテール』」アリババニュース、https://jp.alibabanews.com/オンラインとオフラインを融合させた新しい小売/、2020年1月14日アクセス）と定義しています。このようなデジタルの存在を前提として価値を生み出すサービスを構想する場合には、ユーザーニーズを捉えるだけでは難しい側面があります。なぜならば、先ほど紹介したようなサービスを実現するうえでのさまざまな課題を、スーパーマーケット単体のサービスとしてではなく、データやテクノロジーの活用などとあわせて立体的に考えなければならないからです。

　このような複雑なサービス構想にはプロトタイピングが有効です。コンセプトや使いやすさの検証を行うだけではなく、サービスの一連の体験を具体的なものにしていくことで、頭のなかだけで取り扱うことが難しい複雑なサービスの全体像を把握したり関係者と共にスピーディーに議論をしたりすることができます。

　近年、企業の環境や人権に対する取り組みを重視するユーザーが増加してきたことなどもあり、社会的な視点やそれを受けたビジョン、サービスエコシステム、ユーザー体験、ユーザーインターフェース……などといったように、これまでにない全体性を持ってサービス開発を行わなければならなくなっています。これは、段階的に狭く具体的になっていく逆円錐型のような問題空間として表せるのではないでしょうか［03］。

　このような空間的広がりを持った状況を把握しながら考えるには、サービス体験をプロトタイプとして具体化し、どのように改善できるかを、複数のレイヤーの視点から繰り返し考えていくことが役に立つでしょう。

SECTION 07

遠隔医療サービスから考えるデザイン思考

ImagineCareは、病院経営と予防医療の両立という
医療制度が抱える根本的な課題に対し「患者を求めない病院をつくる」というビジョンを掲げ
テクノロジーを活用した遠隔医療サービスでビジョンの実現を目指しています。

◆社会的、人道的視点での課題定義

サービス概要

　ImagineCareは、慢性疾患を抱える患者に対して看護師とヘルスコーチによる電話やビデオ会議、チャットなどを通じて日常生活での個人的なサポートを提供する遠隔医療サービスです[01]。

　ユーザーはモバイルアプリとバイタルデータを測定するIoTデバイスを使い、自分の健康データの確認や24時間体制の健康状態のモニタリングサービスを受けることができます。もし必要があれば、チャットやビデオ会議などで医療チームとコミュニケーションを取り医療サポートを受けることも可能です[02]。

　このサービスによって、病院での診療にかかっていた経営資源を遠隔医療に振り分け、慢性疾患を持つ患者の症状悪化を防ぎ、将来の医療費を抑制することができます。医療やユーザーである患者を中心に考えた場合、本来は病気を未然に防ぐことが望ましいのですが、従来の病院は個別の患者を継続的にケアすることは難しい状況でした。しかし、Imagine

Careはテクノロジーを活用し、病院経営と予防医療を両立するサービスを実現したのです。

　ImagineCareは当初、アメリカの医療機関であるダートマスヒッチコックのイノベーションプロジェクトとしてスタートしました。その後、2017年にスウェーデンの4人の起業家によって設立されたLife-care Xに事業が引き継がれました。

　サービス開発にあたって、病院経営と予防医療の実現に向けて「患者を求めない病院をつくる」というビジョンを掲げました。そして、そのビジョン実現に向け、テクノロジーを活用したソリューションを構築するためMad*Powというデザイン会社とMicrosoftの協力を得てサービスを構築しました。

　Mad*Powはサービス開発において、ユーザーや医療関係者へのインタビューやウェブ、モバイルアプリの開発、MVPの開発などデザイン思考プロセスの適用を行いました。Microsoftはサービスの実現に必要なデバイスなどの技術提供を行いました。

[01] ImagineCare

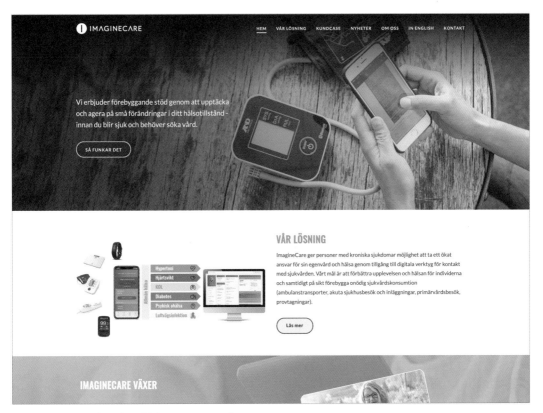

出典：ImagineCare ウェブサイト（https://info.imaginecare.com/）

　2016年のパイロット版には、2,700人以上のユーザーが登録してサービスを利用しました。その結果は目覚ましいもので、患者のサービスに対する満足度は95％、プログラムへの参加は企業の従業員向けの健康管理プログラムの全国平均の4倍だったそうです。Service Design Networkが発行する『Service Design Impact Report : Health Sector 日本語版』によればパイロット版の成果としてはほかにも次のようなものが挙げられます。高血圧患者の血圧管理不良の割合が50％減り、対照群との比較では、入院が56％減、緊急救命室の費用が23％減、回避できる緊急救命室への来院が6％減、患者の月ごとの治療費が255USドル削減といった結果が得られています。

[02] ImagineCareのプラットフォーム

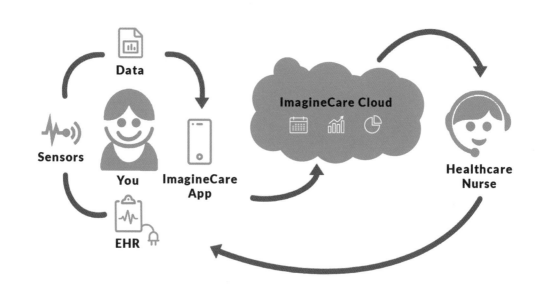

出典：ImagineCareウェブサイト「THE PLATFORM（https://info.imaginecare.com/in-english/）」

新しい課題の発見

　このケーススタディーのポイントは、まずその課題定義にあります。それはすでに、「患者を求めない病院をつくる」というビジョンとして示されています。もしHow Might We形式で表すならば、「我々はどのようにして患者を必要としない病院をつくることができるだろうか」となるでしょう。患者の病気を予防して医療費を削減することは、医療においては当然のことに聞こえます。しかし、サービスが開発されたアメリカでは、医療は基本的に民間の保険でケアされている範囲が広く、公的な保険に加入

している方は少ない状況です。そのため、極論すれば予防医療に取り組むということは、病院での診療とそこから得られる収益を圧迫することになります[03]。つまり、現在のビジネスモデルにおいて利潤を最大化するためではなく、自社が活動している医療というフィールドにおいてなすべきことは何か、という点から課題を設定しているのです。

　これは、事業を継続していく必要のある組織として非常にチャレンジングな課題設定ではなかったかと思います。実際、残念ながらダートマスヒッチコックはImagineCareの開発後収益構造が悪化し、前

述したLifecare Xへ事業売却しています。しかし、冒頭で書いた通り、その目標設定はユーザーの目線からは自然な目標と感じられるのではないでしょうか。

　このような視点は、今後より求められてきます。SDGsと呼ばれる2015年の国連サミットで採択された持続可能な開発目標は、広く知られていますが、まだ企業のCSR部門などが本業とは別に取り組むことが多いのが現状です。資源には限りがあるため、利益を最優先に環境負荷の高いビジネスを行うことも難しくなり、独自の価値創出を行わなければグロー

バル経済が発展するなかでは容易に価格競争に巻き込まれてしまいます。社会的責任を果たさなければ、とくにZ世代と呼ばれる環境意識の高いユーザー層に受け入れられませんし、ひいては投資を集めることも難しくなってきています。自社の利益だけではなく、環境などの背景も含めユーザーにとっての本質的価値を見定め自社のビジネスモデルを変革する目標を立てることが、いま企業に求められています。

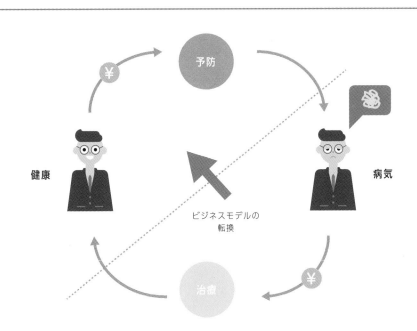

予防

健康

病気

ビジネスモデルの
転換

治療

病院が予防医療に取り組むということは、病気の治療から得られた収益を減らすことにもなる

[03] ImagineCareのチャレンジ

新しい仕組みの構築

このケースのサービスの構築におけるポイントは、ユーザーである患者を中心に考え、長期的な信頼関係を築くことを重視してユーザー体験の設計をしている点です。

あるサービスを事業として成立させるためには、ユーザー中心の観点でどのようなサービスであれば受け入れられるのかを考える必要があります。まして、遠隔医療サービスであればユーザーの生命に関係する部分もあり、信頼性を損ねてしまった場合にはその関係性回復には長い時間がかかるでしょう。

このプロジェクトではこのような信頼性の高いサービスを構築するために、専門性の高いパートナーと共創的に検討を進める体制を取りました。

遠隔医療サービスを実現するための技術的な部分はMicrosoftの協力を得ており、ユーザーニーズの把握やユーザー体験の構想、MVPの開発などをデザイン会社のMad*Powがリードして行っています。

このサービスでは、ユーザーに対して自動で応答するチャットボット利用が計画されていました。たとえば、ユーザーがサービスのチャットボットからメッセージを受け取る場合について、チャットボットがどのようにユーザーにフィードバックを返すべきでしょうか?

事前に行われたユーザーリサーチでは、ユーザーは送信者の写真と名前が付いたメッセージを強く好むという結果が得られました。単純に考えれば、ユーザーリサーチの結果を受け、実際のスタッフが送ったように見せるために仮想のキャラクターなどを使い、ユーザーには人間のスタッフがメッセージを送信していると感じてもらうことが望ましいように思います。

しかし、ImagineCareの開発チームは、このような課題に対して長期的に顧客の信頼を得るためには正直なコミュニケーションが不可欠と認識していたため、メッセージの送信者として「ImagineCare Team」というボットを使うことにしました。

ImagineCareは24時間体制で患者のケアをする人間のチームもいます。ボットには人の振る舞いをさせず、あくまでもボットであるようにすることで、人間のスタッフがきちんと見守っていることの安心感を最大化できるようなユーザー体験を構築したのです[04]。

ユーザー体験は、サービスの利用に関するさまざまなスパンの違う体験が連続して構成されるものです[05]。皆さんも、きっと長く使っているうちに手放せなくなった製品やサービスがあることと思います。ユーザーとサービス間の短時間の個々のやり取り、インタラクションにおいて、質の高い体験を構築することももちろん重要ですが、サービスの全体像や長期的視点も加味して、継続的にユーザーにサービスを利用してもらうようにするという視点も非常に重要です。

そのためには、Dark UXやEvil UXと呼ばれる、ユーザーを意図的にミスリードしてサービス提供者側に利益誘導するようなユーザー体験をつくることはもちろん避けなければなりませんが、短期的な視点によるサービスの設計によって、長期的観点で意図せずサービスに対する信頼性を行うといったことも、可能な限り避けなければなりません。

［04］顧客の信頼を得るためのユーザー体験のデザイン

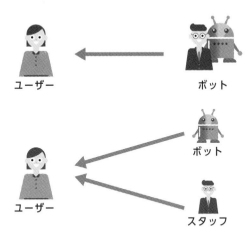

短期的な視点ではユーザーに合わせ、送信者の顔が見えるメッセージが好ましいが、長期的、サービスの全体的な視点からでは、あえてボットをボットのままにするほうが信頼を構築できる

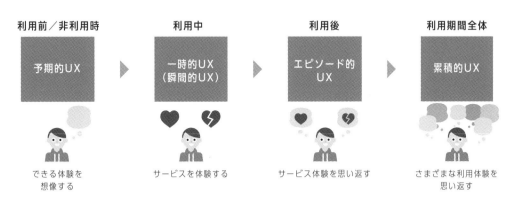

ユーザー体験は時間軸の異なる複数の体験で構成される
出典：「UX白書(http://site.hcdvalue.org/docs)」を参考に作図

［05］ユーザー体験を構成する時間軸

SECTION 08

損害保険から考えるデザイン思考

2015年に創業された損害保険会社のLemonadeは、
保険の仕組みを再設計することで、
ユーザーにとっての保険のあり方を変えました。

◆テクノロジーで新しい世代の価値観に寄り添う

サービス概要

　Lemonadeは、2015年にイスラエルの起業家シャイ・ウィニンガー氏とダニエル・シュレイバー氏によって創業された保険会社です[01]。Googleやいくつかの保険会社から資金調達をしているほか、2017年にはソフトバンクからの資金調達も行っています。

　これまでの保険商品では、保険に加入していても請求する必要がなければ保険金の請求は行われず、未払いの保険金は保険会社の利益となっていました。そのため、基本的には保険会社は保険金を支払わないことにインセンティブがある状態で、保険会社とユーザーの利益は対立しているという構造にありました。

　Lemonadeは、ユーザー同士を直接結び付けるP2P（ピアツーピア）という考え方と請求されなかった保険金をチャリティに寄付するという仕組みを導入し、このようなビジネスの構造を変えました。また、Lemonadeは基本的にスマートフォンアプリで加入手続きが行われます。アプリで質問に答えていくことで、自分に適したプランや料金などがわかり、簡単に加入ができます。

　ユーザー側は保険商品を購入することで、保険金の請求をしてもしなくても「万一の場合に備える」ことと「チャリティに参加する」といういずれかの価値を享受することができます。Lemonade側は、ユーザーが支払う保険料の20％を手数料として受け取るという形で収益を確保しています。

　このような仕組みによって、Lemonadeは「Bコーポレーション認証」を受けています。Bコーポレーション認証とは、アメリカ、ペンシルバニア州を本拠地とする非営利団体のB Labの民間認証制度です。「B」はBenefit（利益）の頭文字で、ユーザーだけではなく環境やコミュニティ、従業員などのステークホルダーに対する利益を意味しています。B Labの設定する基準を満たし、環境や社会に配慮した事業活動を行っている企業に対して付与されます。世界で、150の産業分野に渡る3,745社が認定を受けています（2021年1月15日時点）。

[01] Lemonade

ウェブサイトのトップページを開くと、"Forget Everything You Know About Insurance（保険について知っていることは全て忘れてください）"というコピーが目に飛び込んでくる

出典：Lemonade ウェブサイト（Lemonade、https://www.lemonade.com/、2021年1月15日アクセス）

新しい課題の発見

　このサービスのポイントは、紀元前から続く保険事業のビジネスモデルを現代的にアップデートしたことです。もしも How Might We 形式で課題を定義するとしたら、「我々はどのようにして保険による安心を手軽で損をせず手に入れられるだろうか」とでもなるでしょうか。従来当たり前であった保険金をめぐる事業会社とユーザーの価値相反を当たり前のものとせずに課題として捉え、解決のための画期的な方法を構想し実現しました。デザイン思考実践のための課題定義ポイントとして見るべきなのは、課題を捉える視点が現代的な若者世代が求めるサービスの利用体験や意識にもとづいている点です。このサービス登場の背景には、ミレニアル世代やZ世代の消費意識の変化が関係しているといってよいでしょう。

　実際に、Lemonade の顧客は2020年時点で約70％が35歳以下で、90％が初めて保険を契約するユーザーだそうです。ミレニアル世代とは、1981年以降に生まれた世代を指します。Z世代とは、1995年（もしくは1996年）以降に生まれた世代を指します。ミレニアル世代はインターネットが当たり前に存在しており、デジタルツールに慣れ親しんだデジタルネイティブ世代といわれます。Z世代では物心が付いたころからデジタルツールのうちでもとくにスマートフォンが身近に存在しており、それ以前の人々とは周囲の人々やサービスとの接し方がまったくといってよいほど異なります。

　ニュースメディア QUARTZ によれば、世界の消費者の約40％をZ世代が占めており、そのうち10人中

9人が企業に対して、環境や社会問題に取り組む責任があると考えているといいます。このような消費者の意識変容を受け、企業は顧客の信頼を獲得するため、ひいては投資を集めるためにも環境や社会問題に対して真摯な取り組みを行うことが求められています。

新しい仕組みの構築

　Lemonadeのユーザー体験では、これまでの保険に比べてスマートフォンアプリやテクノロジーを有効活用する取り組みが目を引きます。課題の定義と同じく、解決策の策定においても現代的な視点でユーザー体験を新しくつくり上げているところがポイントです。

　基本的にサービスを利用するのは、同社のウェブサイトかiOSもしくはAndroidのスマートフォンアプリ経由です。保険商品はシンプルで、ホームオーナーズ保険と借家人保険、それにペット保険の3つです。それぞれ利用料金は定額制のサブスクリプションモデルとなっています。利用にあたってはMayaというAIがチャットを通してユーザーごとの状況を確認し、最適な料金プランをおすすめしてくれます。契約内容に問題がなければ、アプリから直接申し込みまでができます。万が一何か損害が発生した場合には、チャットを通してAIのJimとやり取りを行い、カメラを利用して報告することで、保険金を請求することができます。基本的にオンラインで手続きが完了できるようになっているのです。

　そして、Lemonadeが従来型の保険会社と最も違うのは、契約者が保険に加入する際に、支援したいチャリティ団体などを選択しほかのユーザーと仲間になる点です。同じ支援先を選んだユーザーはPeer（仲間）となり、同じグループメンバーになります。保険金は基本的に、グループごとの保険料を貯めるプールへと蓄積され保険金はそこから支払われます。保険金として支払われずにプールに残った保険料は、支援団体へのチャリティとして寄付されます[02]。

　創設者のウィニンガー氏は保険業について、「保険業界は存在そのものが嫌われており、それゆえにLemonadeには大きなチャンスがある」と語っています。2018年にはPolicy2.0として、世界初のオープン・ソース型の保険商品の開発を公表しました。これはシンプルで理解のしやすい英語の約款を利用する保険商品で、約款はGitHub上で公開されています[03]。

　この事例は、ビジネスモデルの変革を行う際のユーザーの価値観に適したサービス接点をテクノロジーを活用して構築できる可能性を示しています。従来型の保険商品の価値に加え、社会貢献という新しい価値を提案し、スマホアプリとチャットボットを利用しサービス提供のコストを抑えつつ、顧客データを次のサービス改善に生かそうとしています。

　Lemonadeの保険商品としてのビジネスモデルには、継続性について疑問の声も挙がっています。しかし、約款も含め、わかりやすくシンプルなユーザー体験を構築し、利益を社会還元しながら事業を行うという可能性を拓いたという点は、今後社会的な責任を果たしつつテクノロジーを利用しビジネスを行う必要のある多くの企業にとって、創造的な解を探索する際に示唆に富む事例といえるのではないでしょうか。

［02］ Lemonadeの保険商品の仕組み

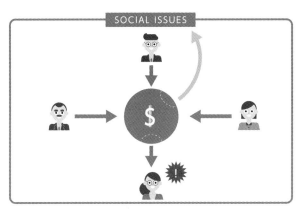

同じ社会課題に興味のある人々がグループになり、保険料をプールし保険金やチャリティに利用する

Policy2.0は実際に読んで理解できるという基本的な価値を担保すると謳われている。一般に金融商品は商品の特性が理解しにくく、必ずしも消費者にとってベネフィットのない商品も存在していた
出典：Lemonade「Policy 2.0」(https://www.lemonade.com/policy-two、2021年1月15日アクセス)

［03］ オープンソース約款 Policy2.0

SECTION 09

モビリティサービスから考えるデザイン思考

北欧のノルウェー、オスロ市では、理想的な都市をつくるために
モビリティサービスが包括的な視点からデザインされ
さまざまなステークホルダーに価値を生み出しています。

◆包括的視点での課題定義と解決策策定

サービス概要

　ノルウェーのオスロ市には、Oslo City Bikeというシェアサイクルサービスがあります[01]。サブスクリプション登録したユーザーは、市内の250のステーションにある自転車をアプリを利用してロックを解除し、最大1時間まで乗車することができます（1時間以上は15分単位で課金）。市の助成を受けているため、将来的に価格が改定されるまでは月額29ノルウェー・クローネ（日本円で約350円）で利用が可能です。このサービスは、オスロ市とノルウェー最大の屋外広告事業者の官民2社が協力し合うスキームによって運営されています。市が公共空間を提供し、広告出稿と自転車の管理ができるエリアを作成して、シェアサイクル事業を実施できるようにしています。

　もともとOslo City Bikeは、市の中心部に対する自動車の乗り入れを規制する市の政策に合わせて、2015年に計画がスタートしたそうです。それ以前にもシェアサイクルはありましたが、2016年にサービス全体のリブランディングが行われました。

　このサービスは、シェアサイクルサービスを市民に愛着を持ってもらえるものにするという視点でデザインされています。そのため、ネーミングやロゴデザインなどのブランドアイデンティティを、オスロ市民にとって自分たちのものであると感じられるものにすることを目指しています。その結果、盗難を防いだり、自転車を大事に利用してもらえるといった効果があり、実際にメンテナンスコストはほかのシェアサイクルと比較して抑制できているそうです。

　また、自転車のメンテナンスは元受刑者が行っており、受刑者の社会復帰支援という社会貢献活動の側面もあります。このようなサービスの位置付けは、それを利用するユーザーの市民としての誇りを醸成する効果も期待できます。

　サービス利用による移動のデータは集計され、独占的に利用されるのではなく、誰もが利用できるようオープンデータとして公開されます。それによっ

[01] Oslo City Bike

出典：Truck with city bikes. By OsloCityBike - Own work, CC BY-SA 4.0, https://commons.wikimedia.org/w/index.php?curid=58441259

て、オスロ市の市民や企業がさまざまなソリューションを開発する可能性を高めています。

新しい課題の発見

　この事例のデザイン思考実践のためのポイントは、課題を捉える視点が、サービス単体ではなく都市という広いスケールである点です。How Might We 形式で書くとすれば、「どのようにすれば市民に対して快適な移動手段を提供できるか」という問いではなく、「どのようにすればオスロ市での暮らしの質を上げるためのモビリティサービスをつくれるのか」といった広い視点で設定されているといえるのではないでしょうか。

　Oslo City Bikeではこのような広い視点で、都市の多様なステークホルダーに対して価値を創出できる仕組みが構想されています[02]。とくに、都市に住まう人々の多様性を尊重する視点が含まれていることが重要なポイントです。

　たとえば、メンテナンススタッフに元受刑者を雇用することなどです。イギリスに「InHouse Records」という服役囚により運営されている音楽レーベルがあります。このレーベルに参加した受刑者は、積極的な行動が増加したとする報告が約4倍になり、出所後の再犯率は1%を切っています。一方アメリカでは、民間運営の刑務所が劣悪な環境下での囚人労働によって利益をあげていたことが社会問

題化するという事態も起きています。もちろん犯した罪の内容や制度上の問題など簡単に比較できることではありませんが、Oslo City Bikeには、都市という生態系のなかにいるあらゆる人々を包摂しながら、新しい価値をつくろうという視点があるのではないでしょうか。

昨今の企業活動や組織活動においては利益を上げるだけではなく、持続可能な開発目標（SDGs）にコミットすることなど社会的な責任を果たすことが求められるようになってきました。そのような場合には、中長期的な広い視点に立ち事業のアウトプットをどのように社会的成果に結び付けていくかを考える必要があります。

2000年代に世界各国で広まったロジックモデルという手法は、事業活動などで最終的に目指す変化や効果をアウトカム（成果）として設定し、必要なインプット、活動、アウトプットを分解して成果創出に至るステップを論理的に記述します。ここでのアウトカム（成果）は一般的に、社会的インパクトなどと呼ばれることもあります。デザイン思考を適用するプロジェクトでも、このようなロジックモデルを描いてみることで、社会に与えたいよい変化を定め、視点を広げることに役立つかもしれません。

新しい仕組みの構築

そして、仕組みの構築におけるデザイン思考実践

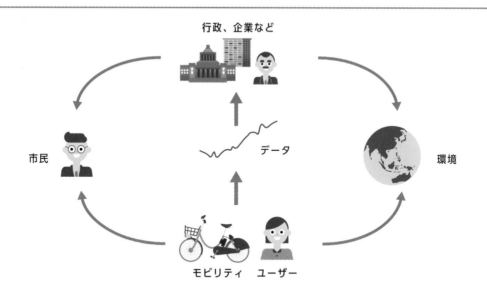

サービスとユーザーという一対一の関係ではなく、都市全体が対象として捉えられている

[02] 広いスケールの視点

[03] Oslo City Bikeのロゴマーク展開例

ロゴマークでバリエーション豊かな表情を表現可能。ユーザーのサービスに対する親しみ安さを高める
出典：Heydays「Oslo City Bikes」https://heydays.no/project/city-bikes/

のポイントは、ブランディングと包括的（ホリスティック）な視点を統合したサービス構築です。

　Oslo City Bikeでは、ネーミングやブランドアイデンティティといったブランディングに非常に力を入れています。ユーザー（市民）がサービスを利用する際に、どのような認知があれば、より親しみを持って利用してくれるのかをしっかり考えディレクションされています。ロゴマークは自転車を抽象化したシンプルな図形です。これはまた、人の顔（まゆと目）にも見えるようにデザインされています。ロゴマークをバリエーション豊かに展開し、感情を表すためのツールにすることで、サービスを擬人化し利用者に親しみを持ってもらうためのコミュニケーションツールとしても機能させています。自転車の1台1台にはオスロ市民の一般的な名前が付けられているなど、ロゴマークとあわせ、いっそう親しみを持ってもらえるような工夫が随所になされています

[03]。

　サービスの軸であるシェアサイクルサービスを親しみの持てるものにするというブランディングが、包括的な視点でデザインされたサービスの仕組みと組み合わさることで、大きな価値を生み出しています。つまり、メンテナンスコストを下げる、利用者を増やして行動データを取得する、雇用スタッフを増やし社会的成果を生み出す……など収益を確保し事業を継続させ社会成果を生み出し続けるためのサイクルの重要な要素になっています。サービスに対して親しみを持ってもらうために、サービス名称やキャラクターの公募が行われることがありますが、一過性のイベントになってしまわないように、継続的にユーザーとどのようにコミュニケーションを取っていくのかを中長期的、広い視点で検討しディレクションをしていくことが今後、より求められていくのではないかと感じます。

125

これからのデザインに必要な「インクルーシブ」とは

SDGsは、2030年までに、誰一人取り残さずに持続可能な社会を目指すことを定めた国際的な目標です。目標達成には人々の多様性を理解し、新しいサービス開発などを探索的に行う必要があります。そのため、ユーザーを中心にしてそもそもから探索的に考えるデザイン思考は実際にSDGsを具体的な企業活動に落とし込んでいくためにも有効なのです。もちろんこの場合、環境共生なども含め、望ましいヒトのあり方も考える必要があります。

そこで重要となる考え方が、インクルーシブデザインです。インクルーシブ（inclusive）とは、日本語では「排他的でない」「包摂的な」といった意味です。そしてインクルーシブデザインとは、ユーザーと社会、サービスの接点を人々の多様性を理解して学びを得ながらつくること、といえます。

インクルーシブデザインの先駆者スーザン・ゴルツマン氏はインクルーシブデザインを「万人向けにひとつのものをデザインしているという意味ではありません。誰もが帰属意識を持てる多様な参加方法をデザインしているのです（キャット・ホームズ著、大野千鶴訳『ミスマッチ 見えないユーザーを排除しない「インクルーシブ」なデザインへ』Kindle版、

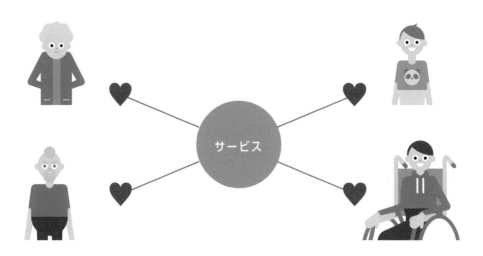

[01] インクルーシブデザインとは多様な人々に帰属意識を持ってもらえる多様な参加方法をデザインすること

第4章、4節）」と説明しています。後述する理由からは特殊なアプローチとしてではなく、デザインアプローチで新しいサービス開発、改善を行う際に前提とすべき視点です。

　一般的にインクルーシブデザインは、企業のサービス開発、改善を行う際に高齢者や障害者、外国人、子どもといった方々に対して存在する心理的、物理的なバリアを解消するために、ユーザーと共に課題を発見したり、解決策を考えたりするアプローチを指します[01]。

　上記に挙げた高齢者や障害者といったユーザーが直面するバリアは比較的わかりやすいものだと思いますが、インクルーシブデザインで考慮されるべき多様性はより広く、アプローチすべき課題には見えにくいものも含まれます。

　たとえば、オムツ交換台はどうでしょうか。女性用トイレに設置されていて、男性用トイレに設置さ

れていないケースが多々あります。オムツ替えをするのは女性である、という前提で施設が設計されており、このような状況がまた女性がオムツ替えをするという状況を生みます[02]。設置スペースの問題などもあるでしょうが、ここでは男性が阻害されているといっていいでしょう。実際に、このような状況が問題視されたニューヨークでは、2019年に新しく建設される施設には男性トイレに最低1台のオムツ交換台設置を義務付ける法律を施行しました。

　こうした状況に遭遇した際に一般的にどのような感覚を持つものかは、あくまで想像するしかありませんが、阻害を感じつつもユーザー側は「そういうものだ」と納得してしまうのではないでしょうか。また、企業側としても法律で規定されていなければ売り場面積を削ったり設置コストをかけたりという選択肢を取りにくい状況があるかもしれません。

[02] 子どものオムツを変えるのは女性だ、という前提によってつくられたサービスがまたバイアスを助長する

　しかし、このような見えない阻害に対応していない状況は企業にとって大きな損失につながっている可能性があります。まず、短期的には顧客を失う可能性があります。昨今さまざまなサービスはデジタル化が進み、ほかのサービスに代替される可能性が高い状況です。阻害されていると感じながら、同じサービスを使い続けるユーザーは少ないでしょう。改めて改善要望を伝える場合もあるはずですが、多くのユーザーは黙って去っていくことになります。

　長期的にはイノベーション創出、差別化を行う機会を組織として取りこぼす可能性があります。人々の多様性を捉えて、彼らを阻害しないようにするということはユーザーの状況や主観的な価値観を理解し、現状とのギャップを埋める、ということです。これはユーザー理解からインサイトを得て、新しい課題を定義し創造的に解決するというデザイン思考のアプローチそのものです。現在のメインターゲットではない人々の多様性から学ぶことで、これまでとは違うサービスの可能性を発見できるかもしれません。

　通常の新規サービス開発、改善においては最もボリュームの多いターゲットユーザー層を対象として考えるべきですが、その場合一方においては対象外としているユーザーがいる、ということに意識的であるべきです。そのなかには、本来であればそのサービスを使いたい人がいる可能性もありますし、ある人のニーズに応えることで、これまで考え付かなかった画期的なアイデアが得られるかもしれません [03]。

[03] 高齢者や外国人などに対して、ニーズに応えることでこれまで取りこぼしていた層にもリーチできる可能性がある。また、見えていなかったユーザーの視点から新しい価値が発見できる可能性もある

PART

3

デザイン思考の
実践に向けて

SECTION 01

デザイン思考を「使う」ために──状況と取り組み方

デザイン思考に習熟するためには実際に使っていくことが有効です。
実際に使っていくために、「デザイン思考を取り巻く状況」と「具体的な取り組み方」の
2つの観点でいくつかのトピックをお伝えします。

◆デザイン思考を「使う」ための状況と取り組み方

　PART2では、デザイン思考を今後導入していく際にヒントになるようなトピックを、ケーススタディーを例に紹介しました。ここからは、実際に活用していくために、「デザイン思考を取り巻く状況」と「具体的な取り組み方」の2つの観点から、企業へのデザイン思考の導入状況や、活用するための考え方

など、さまざまなトピックを紹介します[01]。

デザイン思考を取り巻く状況

　「デザイン思考を取り巻く状況」では、国内外でデザイン思考がどのように推進されているのかなど、デザイン思考の導入を支えられるようなトピックを紹

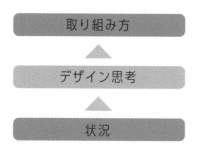

デザイン思考を「使う」ためには、デザイン思考を取り巻く状況を理解し、具体的にデザイン思考を使ってどう取り組むか、という視点が重要

[01] デザイン思考を使うための観点

介します。

　デザイン思考が必要とされる状況は、今後より増えていくと考えています。なぜならばテクノロジーが進化し、私たちの生活は次第に加速度を増しながら複雑になってきているからです。

　たとえば、1時間自由な時間があったとして、あなたは何をするでしょうか？　スマートフォンを取り上げ、アプリを立ち上げてSNSを見る、友達にメッセージを送る、先日撮った写真にコメントを付けてInstagramにアップする、映画の続きをNetflixで観る、溜まったメールを処理する、それとも外に出かけてモンスターを探しに行くか……テクノロジーの進化によって、スマートフォン1つでもエンターテインメントから仕事まで数え切れないほど多くのことができるようになりました。さらに環境問題や価値観の多様化、グローバル化の影響による競争環境の激化など、社会の複雑性はますます増しています。このような複雑性が高いゆえに答えがない状況では、「誰にどのような価値を得てもらうためにサービスを提供するのか」を、ユーザー中心の考え方で探索しながら検討していく必要があるでしょう。

　なぜならば、答えのない状況では、ある価値を求めているユーザーがいる、という確信が1つの強力な指針となるからです。

　さらに、原理的に未来は予測できません。予測できないほど意外な事象こそが大きな変化を引き起こすからです。このような不確実性の高い状況のなかでロジカルに何をやるべきかを考えていくことは、現在の狭い視点での取り組みになってしまったり、誰もがたどり着く解に行きついてしまい価格競争に巻き込まれてしまったりします。

　このような状況を受けて導入が進められているアプローチの1つがデザイン思考です。本書を手に取られている方は、このような重要性をすでに理解しており、実践してみたいと考えているかもしれません。しかし、デザイン思考はリサーチを行いながら改めて課題を定義し解決策を考えるという、不確実性を孕むプロセスです。組織に導入しようとする際には、さまざまな障壁があると考えられます。

具体的な取り組み方

　具体的な取り組み方では、実際の業務で少しずつでも実践していくための考え方や方法について紹介します。

　デザイン思考はプロセスが整理されているため、導入に際してはきっちりリサーチから始めたい、と考えている方も多いのではないでしょうか。リサーチから始めるプロジェクトでは新しい発見も多いものです。しかし、リサーチで得られた発見はあくまでもリサーチの発見であり、具体的なサービスにどう結び付くのかは具体的に考えてみないとわからないものでもあります。そのため、デザイン思考の第一歩としてリサーチを実施したものの、どうサービスに結び付くのかがわからず止まってしまう、というケースも多いです。

　デザイン思考は、リサーチ以外の普段の業務でも多くのシーンで取り組めますし、少しずつ現場で取り入れていくことが実践の近道でもあります。

SECTION 02

デザイン思考を取り巻く状況①
さまざまな企業でのデザイン人材育成

すでに国内外のさまざまな企業で、
デザイン思考を実践できるデザイン人材の育成が始まっており、
取り組む企業も増え始めています。

◆ 国内外企業のデザイン人材育成

　不確実な状況のなかでも取り組むべき課題を定義し、解決策を導いていくために、国内外の企業でデザイン人材の育成が進められています。ここで紹介する企業はあくまでもいくつかの例であり、社内にデザイン責任者を置いたり、デザイン教育を社内導入したりする企業は増加しています。

**約10年をかけて組織全体に
デザイン思考を導入したSAP**

　その代表的な事例として挙げられるのが、ドイツのSAPです[01]。SAPは、アメリカ、スタンフォード大学でデザイン思考の教育を行っているd.school（P.23参照）設立のきっかけとなったハッソ・プラットナー氏が共同創業者のソフトウェア企業です。

　プラットナー氏がスタンフォード大学d.schoolの設立に対して私財を投じたのが2003年です。その後2004年には、戦略立案のためにデザイン思考をSAPの業務に取り入れ始めました。さらに2007年には、同社の主力商品である「SAP HANA」をデザイン思考によって生み出しました。

　2012年には、問題解決を顧客と共創的に行うために、SAPがデザイン思考のプロセスをリードする体制になりました。2013年には担当する業務や役職にかかわらず、SAP全体でデザイン思考を実践することが決定されています。

　2003年にプラットナー氏がデザイン思考に投資することを決めて以来、約10年間をかけて組織全体にデザイン思考の導入を行ったのです。その結果、以前は売り上げのほぼすべてをERPパッケージが占めていましたが、サービス開発が促進され2016年時点で60%をERP以外の製品サービスが占めるようになりました。

　さらに、デザイン思考の導入によって、新しいサービスの開発が促進されたこと以上に大きな変化があります。それは、SAPのビジネスモデルの変革で

す。

　SAPは大規模なERPソフトウェアを販売していましたが、市場環境が複雑化するにしたがい、顧客が求めていることが、「どんなソフトウェアを導入すればよいか」から「どのような課題に向き合わなければならないか」に変化していました。そのような場合には、特定のソリューションを品質高く提供する

だけではなく、向き合うべき課題が何かを顧客と共に考える必要があります。まさにダブルダイヤモンドプロセスの1つ目のダイヤモンドです。全社にデザイン思考を導入することによって、「解決策を提供する」から「そもそもを一緒に考える」というビジネスモデルへの転換が可能となったのです。

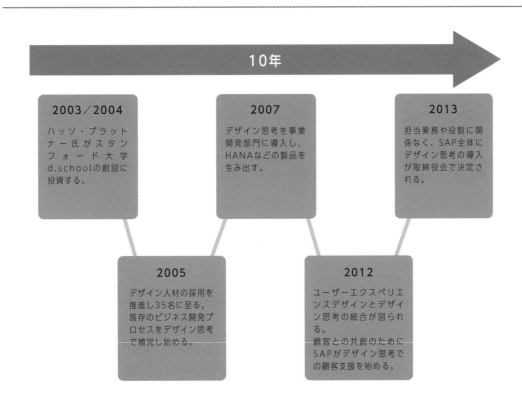

10年

2003／2004
ハッソ・プラットナー氏がスタンフォード大学d.schoolの創設に投資する。

2007
デザイン思考を事業開発部門に導入し、HANAなどの製品を生み出す。

2013
担当業務や役割に関係なく、SAP全体にデザイン思考の導入が取締役会で決定される。

2005
デザイン人材の採用を推進し35名に至る。既存のビジネス開発プロセスをデザイン思考で補完し始める。

2012
ユーザーエクスペリエンスデザインとデザイン思考の統合が図られる。
顧客との共創のためにSAPがデザイン思考での顧客支援を始める。

デザイン思考は、SAPでは約10年間で投資の決定から全社での導入に至った
出典：MONOist（モノイスト）「イノベーションを生み出す『デザイン思考』とは（https://monoist.atmarkit.co.jp/mn/articles/1801/23/news006.html）」を参考に作図

［01］SAPのデザイン思考導入の歴史

社内のデザイナー比率を大幅に上げたIBM

デザイン思考の導入に意欲的な企業のもう1つの例がIBMです。2012年に「IBMデザイン」という組織を設立し、2013年時点で1:30であったデザイナーとエンジニアの比率を1:8にすることを目指し、デザイナーを1,000人雇用するという計画を発表するなど積極的な導入を進めてきました[02]。

採用以外にも、社員に対してデザイン思考を学ぶためのさまざまなプログラムを提供しています。新しく採用したデザイナー向けにはブートキャンププログラムを実施し、IBMの文化になじみながら新し

い仕事の仕方を導入するための支援を行っています。時間が取れないエグゼクティブ向けには「DESIGN DAY」というプログラムでデザイン思考を1日に圧縮して体験できるプログラムを提供するなど、社員に合わせて複数の導入方法を使い分け導入を進めました。日本IBMでは毎年1,000名単位でのオンライン講座受講や部門やチーム単位で必要に応じて社内研修、ワークショップなどを実施しています。その結果、社内認定制度によって「デザインシンカー」と認定された8万人以上（2017年時点）の社員がデザイン思考を業務に活用しています。

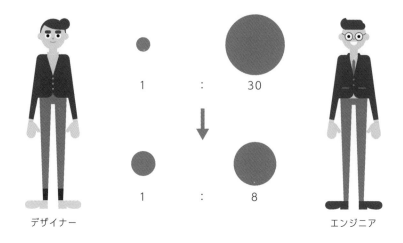

2013年に1:30だったデザイナーとエンジニアの比率を1:8にすることを目指しデザイン思考の導入を推進
出典：Forbes JAPAN「IBMがデザイナーを1000人雇い、デザイン思考を進める理由(https://forbesjapan.com/articles/detail/15632/1/1/1)」

[02] IBMのデザイン人材採用

［03］ デザイン思考を技術者向けに応用

富士フイルムでは、「ユーザーの観察」を「素材の観察」に変えるなど自社社員が受け入れやすいものに応用

デザイン思考を技術者向けにアレンジした
富士フイルム

　日本では、富士フイルムもデザイン思考の導入で成果をあげています［03］。富士フイルムでは、2004年に古森重隆社長（当時）が「融知創新」というコンセプトを掲げました。これは「これからは知恵を融合し新しい価値を創る」ということを意味しています。それを受けて、2006年に神奈川県開成町に富士フイルム先進研究所を設立しました。これまで専門分野別だった研究室を、交流を促進するために1つの部屋にまとめ、20代30代の若手研究者を対象にデザイン思考を応用した「タッチゾーンプロジェクト」というワークショップを始めました。

　タッチゾーンとは、富士フイルムのコア技術や、その応用によるさまざまな製品に触れることで、映像だけではわからない特徴を掴むことのできる展示エリアです。これにより異なる分野にまたがる研究者同士の交流が盛んになったそうです。

　富士フイルムで行われているデザイン思考は、ユーザー中心に課題を探索する部分を素材の観察に変えるなど、技術者が取り入れやすい形にアレンジしたものを実践しています。2006年から6年間、会合を年に4〜5回開催するなど、少しずつ導入を進めていました。その後2014年にオープンイノベーションハブを設立し、コア技術の展示を通して顧客と富士フイルムの社員との技術を融合する共創の場として、活用を進めています。

[04] 日立製作所のデザインシンカーの定義

- プロフェッショナル人財
- ベーシック人財
- デザインシンキング理解者

デザイン思考の理解や熟練度に応じて3つのレベルを設定し人材育成を行う
出典：日経クロステック「日立がデザイン思考を実践できる『最高位』人材を2.5倍に増員へ デザインシンカーの育成計画(https://xtech.nikkei.com/atcl/nxt/column/18/00001/02318/)」をもとに一部抜粋、作図

デザイン思考を実践できる人材を
育成する日立製作所

　日立製作所もまた、デザイン思考の導入を成功させた企業として知られています[04]。

　もともと日立製作所は、50年代からデザイン研究所を設立するなど、先進的な取り組みを続けてきました。そして、デザイン思考が注目される以前からユーザーの観察やプロトタイプの作成などを行ってきました。

　2009年には、システム開発における共創を実現するための「Exアプローチ（Experience Oriented Approach）」として、ユーザーリサーチやユーザー体験のデザイン、プロトタイピングなどのアプローチをフレームワーク化しています。そして「ユーザーの観察」「利用シナリオ」「プロトタイプ作成」「ユーザー評価」といったプロセスを、対話を通じて行うワークショップのメニューとして確立しました。

　2015年には東京社会イノベーション協創センタを設立し、クライアントとビジョンを共有するための方法論を整理し、実践の場として活用を行っています。さらに今後は社会イノベーション事業の注力領域として、エネルギー、交通、産業、健康などの分野への適用を想定しています。

　また同社では、デザイン思考を実践できる人材を「デザインシンカー」と設定し、「デザインシンキング理解者」「ベーシック人財」「プロフェッショナル人財」の3段階でレベルを定義して、レベルに応じた研修を用意し育成を図っています。最もスキルの高いデザインシンカーである「プロフェッショナル人財」を、2022年3月までに500人育成するとしています。

　全社員に対しては「デザインシンキング理解者」となることを目標としており、e-learningでデザイン思考の概念を理解してもらうなど、さまざまな研修を用意しているそうです。「プロフェッショナル人財」には1年間の特別業務研修を実施し、実際の案件でのOJTを組み合わせて、デザイン手法の理解を促しています。

◆国内でのデザイン人材育成状況

　国内では、経済産業省・特許庁の『「デザイン経営」宣言』の推進などで、デザインを経営に取り入れる企業が次第に増加してきています[05]。一部企業において、チーフデザインオフィサー（CDO）などのデザイン責任者のポストを置いたり、デザインアプローチを標準的な業務プロセスとして導入したり、デザイン思考を活用した事業開発を行う部門を新設したりするなどという動きがあります。

　しかし、まだまだ一般的には「デザイン」といった場合に意匠に関する取り組みを想起されることが多いことが現実的だと思います。

　そのためか、デザイン思考の導入においては「上司の理解がない」「どのように導入すればよいかわからない」という声があるなど、まだハードルが高い状況にあるといってもよいでしょう。

　また、前述したように組織にデザイン思考を導入するためには一定の時間がかかります。さらに、実践を通して繰り返しトライアルをしながらのほうが理解しやすいアプローチのため、全体的に導入したいが効果が薄い、部分的に導入しても浸透しない、というジレンマにも対処していかなければなりません。それを乗り越えるためには、特定のプロジェクトなどで実際に実施しながら、全体的にはプロセスの理解を深めていく学習機会を用意し、組織の標準プロセスにデザインアプローチを次第に組み込んでいく、というトップダウンとボトムアップの両面のアプローチが必要となります。

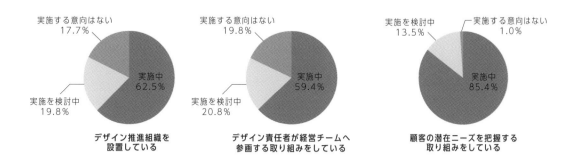

実施組織の設置やデザイン人材の登用など組織導入は進んでいる
出典：経済産業省・特許庁「デザインにぴんとこないビジネスパーソンのための"デザイン経営"ハンドブック（https://www.meti.go.jp/press/2019/03/20200323002/20200323002-1.pdf、P.6）」より一部抜粋、作図

[05] 日本企業のデザインに対する取り組み状況

SECTION 03

デザイン思考を取り巻く状況②
さまざまな企業でのデザイン会社買収

2000年以降、多くの企業が自社にすばやく
デザインの能力を取り入れるため
デザイン会社を買収する動きが加速しました。

◆多数の企業がデザイン会社を買収している

2000年以降、とくに2015年ごろ、アメリカを中心にさまざまな大手企業が相次いでデザイン思考を実践するデザインエージェンシーを買収する動きが活発化しました。

たとえば2013年には、ビジネスコンサルティング企業のAccentureが、北欧のデザインエージェンシー大手のFjord（フィヨルド）を買収しました。Accentureはその後2016年に、日本のデザインエージェンシーのIMJをM＆Aしています。2015年には、アメリカの大手金融機関Capital Oneがカスタマージャーニーマップなどのユーザー体験視覚化のパイオニアとして知られるAdaptive Pathを買収しました。こうした大手企業による活発なデザインエージェンシーのM&Aは大きな話題となりました。

買収を行った企業はおもに、GoogleやFacebookなどのテック系の企業や、Accenture、Boston Consulting Groupなどの戦略コンサルティングファーム、そしてCapital OneやBBVA（ビルバオ・ビスカヤ・アルヘンタリア銀行）といった金融系の企業でした。

このような買収は、上に挙げたようなテック企業や戦略コンサルティングファーム、金融機関などが、価値観の多様化やデジタル接点の重要度が上がってきたことによるユーザー体験の重要性を認識し始めたことが大きなきっかけの1つといえます。サービス価値を高めるためには、ユーザーを中心としてニーズを捉え最適化した体験を構築しなければならないからです。その対応を急ピッチで進めるために自社で人材を育成するのではなく、すでに能力のある組織を買収し自社にデザイン能力を取り込もうとした動きだと考えられます。

買収企業によってデザイン能力を必要とする個別の具体的な状況には違いがあるでしょう。しかし、解決すべき課題があり、それを効率的に実現するのではなく、何が課題なのかから探索的にトライアルアンドエラーを繰り返して解決をしていく考え方や方

法を求めているという点は共通しているのではないでしょうか。

Accenture や Capital One では、自社の事業開発のプロセスにデザイン思考を取り入れ、デザイナーに限らず全社員がデザイン思考を活用し、そもそも何を解決すべきかの問いを立てるところから新しい事業をつくっていくビジネスのプロセスを実現しようとしています。

たとえば Accenture では、「アクセンチュア・イノベーション・アーキテクチャ」と呼ばれるデザイン手法なども取り入れたプロセスを定義しています。イノベーションの種を発掘し、プロトタイピング実証後の展開などに至る一連のプロセスを一気通貫で支援する仕組みです [01]。また、このような取り組みを実現するための拠点として、世界各地に共創を実践するためのイノベーションハブを立ち上げています。日本では、2018年に東京の麻布に「アクセンチュア・イノベーション・ハブ東京」を設立しました。

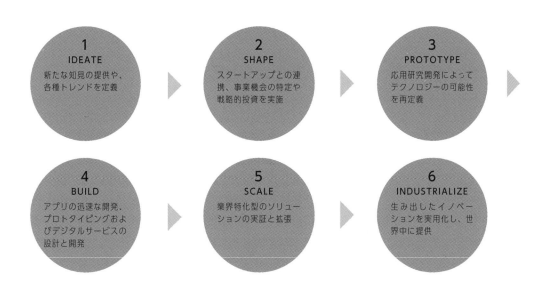

1 IDEATE 新たな知見の提供や、各種トレンドを定義

2 SHAPE スタートアップとの連携、事業機会の特定や戦略的投資を実施

3 PROTOTYPE 応用研究開発によってテクノロジーの可能性を再定義

4 BUILD アプリの迅速な開発、プロトタイピングおよびデジタルサービスの設計と開発

5 SCALE 業界特化型のソリューションの実証と拡張

6 INDUSTRIALIZE 生み出したイノベーションを実用化し、世界中に提供

イノベーションを創出するための6ステップのプロセス
出典：ITメディア「デジタル改革のやり方が分からない──そんな企業を導くアクセンチュアのイノベーション・アーキテクチャとは（https://www.itmedia.co.jp/enterprise/articles/1801/22/news050_2.html）」を参考に作図

[01] Accentureの「アクセンチュア・イノベーション・アーキテクチャ」

Capital Oneは、経営層とプロダクト開発を行うチームの橋渡しをする役割としてデザイン担当部長がおり、デザインチームは経営レベルでの意思決定に関わることができるそうです。プロダクトの改善においては、リサーチ専門のThe Capital One Labと呼ばれる組織を持っており、自社のプロダクトを迅速に改善するためのユーザーテストの実施、改善をスピーディーに回せる組織体制を構築しています。

デザイン人材の登用においても、このような迅速なプロダクト開発〜テストを行えるように、ユーザー視点でプロダクトの改善点をリサーチするUXリサーチャー、リサーチャーとそのほかの職種のコミュニケーションをサポートするデザインストラテジスト、テストに協力するユーザーを募集するリサーチサポートといった各種の職種を設定し、連携してサービスの改善を行っています。

このようなデザインアプローチを組織全体で実施できるようになるまでには、やはりボトムアップとトップダウンでの両面のアプローチが必要になります。[02]は、Capital Oneでのデザインアプローチの導入プロセスの図です。ツールや手法などの個人レベルでの導入から始まり、トップダウンのマネジメント方法や統合されたユーザー体験の提供といったシステムレベルでの変革を組み合わせて導入を進めました。

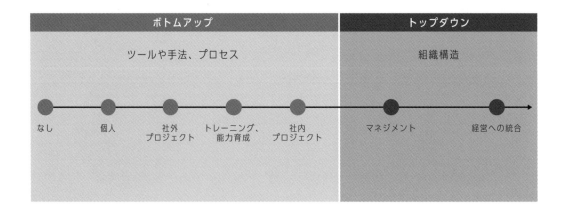

全社的なデザイン導入をボトムアップ、トップダウンの両面で推進
出典：「How I Learned to Stop Worrying and Give Service Design away（https://www.slideshare.net/secret/gtSpfSiBrvsdux）」をもとに訳出、作図

[02] Capital Oneでのデザインアプローチの導入プロセス

SECTION 04

デザイン思考を取り巻く状況③
社会全体でのデザイン思考導入が進む

デザイン思考は、民間企業だけではなく、
巨大なサービス提供組織である
行政においても導入が促進されています。

◆ 行政サービスへの導入が進むデザイン思考

　民間企業でデザイン思考を取り入れる動きが広まっている一方で、諸外国では行政にもデザイン思考を取り入れる動きがすでに広がっています。

　たとえばヨーロッパにおいては行政サービスの適切な運営を持続的に行うために、行政サービスの運営に関わる制度改革などを背景にユーザー中心の行政サービスをつくるためのガイドラインが制定されています。その代表例が、イギリスのGovernment Digital Service（以下GDS）です。GDSは、2011年にイギリス政府内に設置された組織です。行政が市民に提供するサービスをユーザー中心の視点で改善するために、サービスデザインの導入によるサービス改善、効果測定などの推進を担っています。

　GDSの取り組みは、アメリカやオーストラリア、ニュージーランドなど、さまざまな国の行政サービス改善におけるデザイン導入のモデルケースとなっています。各国がGDSが示すデザインの活用方針をベースに、基本的な行政サービス開発のガイドラインを作成しているのです。

　デザインの活用方針とは、行政がユーザー中心視点でデジタルサービスを構築するための要件を定めた「Government Design Principles」です[01]。この原則にもとづき、GDSは変革を促進する多くの施策を実施しています。

　その1つが、行政サービス改善の成果をサービスごとの処理にかかった時間などで計測し、ダッシュボードとしてオープンにする「Performance」です。実施されたサービス改善の費用削減効果をモニターしています。

　また、行政サービスのユーザー中心視点でのサービス改善にはノウハウを持つ小規模な事業者との共創が欠かせないため、「Digital Market Place」と呼ばれる小規模ベンダーを含む調達先情報のポータルも整備しています。

　GDSは当初、イギリス政府のポータルサイトのユーザビリティ（利用しやすさ）を改善するためのプ

ロジェクトから始まりましたが、パイロット的な取り組みを経て現在も活動を続けており、「GDS Academy」と呼ばれるデジタルプロダクト開発などを学べる行政職員のための豊富な教育プログラムも策定されています。

---

[01] Government Design Principles　行政デザイン原則

---

1. Start with user needs

ユーザーのニーズから始めよ

2. Do less

行政こそがなすべきことをせよ

3. Design with data

データにもとづいてデザインせよ

4. Do the hard work to make it simple

シンプルにするために困難に立ち向かえ

5. Iterate. Then iterate again

試作せよ。よりよいものを目指してまた試作せよ

6. This is for everyone

あらゆる人々のためのサービスであることを忘れない

7. Understand context

ユーザーがサービスを利用する文脈を理解せよ

8. Build digital services, not websites

ウェブサイトをつくるのではない、ニーズを満たすためのデジタルサービスをつくるのだ

9. Be consistent, not uniform

一貫性を保て、形式的になるな

10. Make things open: it makes things better

透明性を保て：それが物事をよりよくする

出典：GDS「Government Design Principles（https://www.gov.uk/guidance/government-design-principles）」をもとに訳出

日本での取り組み

　このような原則は日本においても重要視されており、利用者中心の行政サービスを構築するためにさまざまな取り組みがなされています。

　2017年には、政府のIT戦略本部でデジタル・ガバメント推進方針が決定され、サービスデザイン思考にもとづく業務改革（BPR）が推進方針の1つとして掲げられました。2018年には、デジタル・ガバメント実行計画において、サービス設計12箇条が策定されました。また、これにあわせて内閣官房IT総合戦略室が、デザイン思考に実際に取り組むための手引きとして『サービスデザイン実践ガイドブックβ版』を公開しました。

自治体においても先進的な取り組みが行われ始めています。

一方で行政サービスは、市民生活に関わるあらゆる領域におよび、かつその実行においては税金が使われることから、不確実性を孕むデザイン思考のアプローチの導入には、構造的にハードルが高い状態です。本質的な課題解決を行うためには、探索的なリサーチを行い課題定義から始めることが望ましいのですが、費用対効果が予想できないため外部ベンダーに依託することが難しいのです。

欧米の行政組織内部でデザイン人材を育成する動きは、このようなジレンマを解消する1つの方法と捉えられます。そのために、諸外国では行政保有のデザイン組織が実験的に立ち上げられ、数年程度のトライアルを行ったり、官民連携で行政と民間企業が協働したりするなど、さまざまなチャレンジが続けられています。

国内でもこうした取り組みは見られ始めており、筆者も神戸市との取り組みにおいて、生活保護サービス改善へのデザイン思考の活用や、武蔵野美術大学ソーシャルクリエイティブ研究所での研究活動の一環として政策立案プロセスでデザインをどのように活用するかの検討を行うなどチャレンジを続けています。

いま、日本の行政では、利用者中心の行政サービス改革を進めるためのアプローチとして、サービスデザインに対する期待が高まっています。ここ最近の日本政府の動きをまとめると、下記のようになります[02]。

このように、デジタル・ガバメント推進の文脈でデザイン思考、サービスデザインに注目が集まっており、今後日本の行政においても本格的な導入が見込まれます。

2017年5月

政府のIT戦略本部で決定された「デジタル・ガバメント推進方針」において、「サービスデザイン思考に基づく業務改革（BPR）の推進」が方針の1つとして挙げられる。

2018年1月

eガバメント閣僚会議で決定された「デジタル・ガバメント実行計画」において、利用者中心の行政サービス改革を推進するための方針として「サービス設計12箇条」が策定される。

2020年5月

内閣官房 情報通信技術（IT）総合戦略室に「デジタル・ガバメント技術検討会議」が設置される。
8月、同組織配下に「デザインタスクフォース」が設置される。
内閣官房IT総合戦略室がサービスデザイン思考の意義、手法、事例などをまとめた「サービスデザイン実践ガイドブック」を公開。

日本ではデジタル・ガバメント推進の流れのなかでデザイン思考が取り入れられている

---

[02]　日本政府の動き

SECTION 05

デザイン思考を取り巻く状況④
経済政策としてのデザイン活用が進む

経済産業省・特許庁が発行した「デザイン経営」宣言は、
デザインを「ブランディング」と「イノベーション」の2つの役割で整理し、
企業導入の推進を提言しています。

◆『「デザイン経営」宣言』の概要

日本企業の産業競争力を向上させるために、企業経営にデザインを導入するための提言が発表されました。それが、経済産業省・特許庁より2018年に発表された『「デザイン経営」宣言』です[01]。

この宣言ではデザインを、企業が事業を行う際の2つの目的を達成するために活用すべきアプローチとして定義をしています。

1つ目の目的が「ブランド構築」です。基本的に企業は、ほかの企業とは違うオリジナルな存在として顧客に認知されるべきです。そうでなければ同じような役割を果たす製品が競合企業から登場し、価格競争になってしまいます。そうした際に重要になるのが「ブランド」です。ブランドは企業が発するメッセージの一貫性によって生まれます。一貫性を持たせるために重要なことの1つが、ユーザーがどのようにメッセージを受容するかを計算した意匠のコントロールです。具体的には、言葉のセレクトや文字情報をどのようなカタチ（書体）で表現するか、

色やカタチの統一感、写真の雰囲気のコントロールなどの、いわゆる狭義のデザインと呼ばれるような色やカタチを含むデザインです。

2つ目の目的が「イノベーション」です。本書で紹介してきた通り、デザインにはヒトに寄り添い、そもそもの課題を定め、創造的な解決策を試作しながら探索するというイノベーション創出に役立つ側面もあります。

デザイン＝意匠として捉えられがちな日本において、デザインを活用目的別に2つにクリアに分けたことは非常にわかりやすいと感じます。これまでデザインは先に述べたように、「デザイン家電」「デザイナーズマンション」など、意匠性が高い製品を差別化するためのものとして認知されていた側面が強いといえるのではないでしょうか。行政におけるデザイン活用も、地域の特産品のパッケージをリニューアルしたり、クリエイターとのコラボレーションで限定品をつくったりなどの取り組みが多かったよ

うに思います。このようなアプローチももちろん重要であり、ブランド構築には非常に有効です。しかし、企業の産業競争力をさらに高める必要性が高まった現在では、そもそもの段階からやるべきことを探索的に検討するような「イノベーション」を目的としたデザイン活用が求められています。

しかし、先に述べた通り、そのようなイノベーションを目的としたデザインは本質的に不確実性を孕むため、費用対効果を明らかにして導入することは難しいといえます。『「デザイン経営」宣言』でも過去の導入企業の成果が示されていますが、実際に自社に導入するとなると、どれぐらい効果があるのかを知りたくなるのが現実的な状況といえるかもしれ

ません。コロナ禍による影響で経営環境が厳しくなっている企業も多い状況ではこのような導入に際してのジレンマの影響も強く、企業ではデザイン思考の導入がなかなか進めにくいのが現状です。

しかし、複雑性の高まる環境のなかで課題定義から実行し、取り組むべき課題そのものを明らかにしながら企業活動を行っていけるように変化していかなければならないという課題は、あらゆる企業ひいては働く人々すべてが立ち向かわなければならない課題です。このような状況を受けて、自社内にデザイン責任者を置いたり、デザイン組織を置いたりなどの取り組みを実施している企業は、着実に増えています。

---

①デザイン責任者（CDO,CCO,CXO等）の経営チームへの参画

デザインを企業戦略の中核に関連付け、デザインについて経営メンバーと密なコミュニケーションを取る。

②事業戦略・製品・サービス開発の最上流からデザインが参画

デザイナーが最上流から計画に参加する。

③「デザイン経営」の推進組織の設置

組織図の重要な位置にデザイン部門を位置付け、社内横断でデザインを実施する。

④デザイン手法による顧客の潜在ニーズの発見

観察手法の導入により、顧客の潜在ニーズを発見する。

⑤アジャイル型開発プロセスの実施

観察・仮説構築・試作・再仮説構築の反復により、質とスピードの両取りを行う。

⑥採用および人材の育成

デザイン人材の採用を強化する。また、ビジネス人材やテクノロジー人材に対するデザイン手法の教育を行うことで、デザインマインドを向上させる。

⑦デザインの結果指標・プロセス指標の設計を工夫

指標作成の難しいデザインについても、観察可能で長期的な企業価値を向上させるための指標策定を試みる。

「デザイン経営」宣言での具体的な取り組み
出典：経済産業省・特許庁「『デザイン経営』宣言(https://www.meti.go.jp/press/2018/05/20180523002/20180523002-1.pdf)」

---

[01]　「デザイン経営」のための具体的取り組み

SECTION 06

具体的な取り組み方①
イノベーションの方向性を考える

デザイン思考はイノベーション創出のためのものと説明されます。
しかし、イノベーションにはいくつかの種類があり、
それぞれの種類で適した取り組み方も変わります。

◆2つのイノベーション

デザイン思考は一般に、ユーザー中心の視点でこれまで気付かなかったような新しい課題を定義することによって、その後の解決策を考える方向性そのものを既存のバイアスを超えた方向へ向かわせるという、イノベーションを創出するためのアプローチと捉えられています。

しかし、PART2の事例で紹介した通り、課題定義やその結果ユーザーに提案する価値が必ずしも完全に新しいものでなくても、解決策としてのサービスの実現方法によって、イノベーティブな結果を生み出すパターンもあります。これはサービスを実現するための方法が、ユーザーの価値観の多様化やデジタル化によって複雑性を増していることが1つの要因ではないでしょうか。

もともと、イノベーションとひとことで語られることも多いですが、大別すると「持続的イノベーション」と「破壊的イノベーション」に分けることができます[01]。デザイン思考は前述したようにイ

ノベーションを創出するためのプロセス、として紹介されることが多いですが、この2種類が分けられずに語られている場合も多いように思います。

前者の「持続的イノベーション」は既存のソリューションの効率化や機能追加など、技術革新によってこれまでのソリューションのレベルを上げていくというアプローチです。対する後者の「破壊的イノベーション」はすでにある技術を活用して価格を下げることによって、市場を破壊したり、他社が実現していなかった新しい価値を見つけることで革新的なサービスを生み出すことによって、これまで存在していなかった市場シェアを獲得するというアプローチです。

はじめの1歩としてのデザイン思考の実践は、どちらかというと改善的な方向性で持続的イノベーションの創出に取り組むほうが実施しやすいといえるのではないでしょうか。取り組むべき課題の詳細はわからないにしても、どのような状況を改善したい

146

［01］ イノベーションの類型

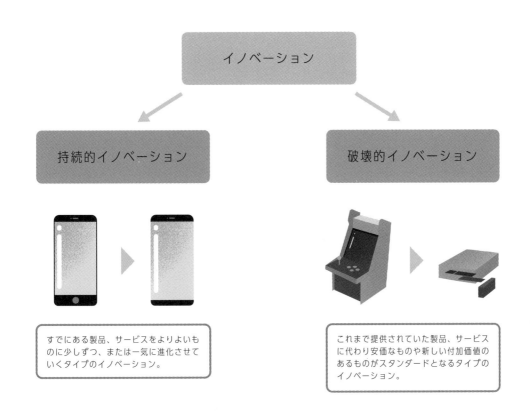

イノベーション

持続的イノベーション

破壊的イノベーション

すでにある製品、サービスをよりよいものに少しずつ、または一気に進化させていくタイプのイノベーション。

これまで提供されていた製品、サービスに代わり安価なものや新しい付加価値のあるものがスタンダードとなるタイプのイノベーション。

イノベーションには大きく分けて「持続的イノベーション」と「破壊的イノベーション」の2つがある

のか、という方向性の設定が比較的容易だからです。

　もちろん、実際に取り組んでみて創造的な解決策を思い付くことができるかどうかはまた別問題ですが、改善のためのデザイン思考を行うには、既存のサービスを下敷きにしながらユーザーリサーチを行い、どのような点がサービス利用のボトルネックに

なっているのかを把握し、解決策を幅広く検討し、プロトタイピングを行いながら改善策をよりよいものにしていくという比較的シンプルな進め方になります。

　一方で、破壊的なイノベーションを目指して実施するデザイン思考プロジェクトは難易度の高いもの

［02］ デザイン思考の性質を踏まえた期待のすり合わせ

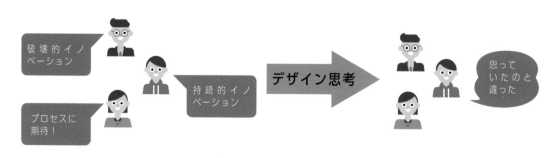

デザイン思考に対する期待値がずれたままだとプロセスに対する批判につながる

だと感じます。新しい価値を見つけるためには、まずどこからリサーチをすればよいのでしょうか。

　実際にはプロジェクトにどの程度の投資をするか考えながら、新しい発見がありそうなテーマや領域を設定し、ユーザーに対してリサーチを行いながらタネとなるような発見を探すしかありません。そして、うまく気付きを得たら、そこからどのような新しいビジネスが考えられるかを検討し、実際に形にしていきます。しかし、破壊的なイノベーションとなり得るアイデアは、そもそもまだ市場がないもののため、社内外の評価も賛否両論という形になることが多いです。

　このような現実的なチャレンジの難易度や結果の判断については、デザイン思考のプロセス自体は回答を示しません。不確実性の高い領域に対して、さまざまな人々と共創によってチャレンジをし、新しいことを考えていくためのガイドラインを提供しているだけだからです。その期待がずれていると、せ

っかくデザイン思考のプロセスを実践しても、実務上の困難にぶつかってしまい「うまくデザイン思考が使えなかった」という結果になりかねません［02］。昨今の「デザイン思考は使えない」という批判やアート思考や意味のイノベーションといった"次なるプロセス"を探る動きの背景には、デザイン思考の限界を考慮せずにトライアルしてしまったという状況があるのではないかと考えています。あえて堅苦しく捉える必要はありませんが、実際に新しいものを生み出すためには、創造の苦しみや複数の選択肢から1つを選び取っていく主体的な意思決定がこれまでと変わらず必要になります。

　これは、もちろんほかのメソッドについても同じことがいえます。このように、デザイン思考を実践する際にはプロセスをなぞるのではなく、主体的な取り組みを行ううえでプロセスを利用する、ということが重要です。その1つが、デザイン思考の実践に先立ってビジョンを策定するアプローチです。

SECTION 07

具体的な取り組み方②
ビジョンをつくる

デザイン思考は不確実性を孕むプロセスのため、
それをどのような領域で実施するかを決めるためのアプローチが求められています。

◆ デザイン思考にはビジョンが不可欠

　イノベーションを創出するためのデザイン思考の役割は、不確実性の高い環境のなかでユーザーを理解し、新しい視点で課題定義して、創造的な解決策を実現するための共通言語となることです。ただし、デザイン思考は、探索的なアプローチのため、極論すれば、成果が出るかはやってみないとわかりません。

　たとえば、行政サービス改善にデザイン思考を導入したイギリスのGDSは、コストを25%削減するこ

とに成功しましたが、デザイン思考の導入時には徹底的にKPIの設定を拒否したことで知られています。デザイン思考は探索的なプロセスであるべきだからです。このような探索的なアプローチを実施するためには、KPIの設定よりもビジョンを持つことが重要です[01]。探索的なプロセスを多様なメンバーと同じ方向に向けて推進していくためには、どのような未来が理想なのかの共通認識が必要だからです。

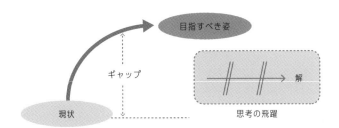

課題解決には理想の姿が明確なタイプと、理想の姿自体から決めなければならないタイプがある。探索的な課題解決には理想の姿（ビジョン）が必要
出典：安宅和人『シン・ニホン AI×データ時代における日本の再生と人材育成』[Kindle版]6章、4節、3項課題解決の2つの型をもとに一部抜粋、作図

［01］ビジョン設定型の課題解決

◆進むべき方向性を決める──トリプルダイヤモンドプロセス

　このようなビジョンの重要性に対して、いくつかの組織でデザイン思考のダブルダイヤモンドプロセスをアップデートするような動きが活発化しています。その1つが、本書の冒頭で紹介したデザインカウンシルのダブルダイヤモンドプロセスそれ自身です[02]。2019年にアップデートされた際に、プロセスの最初の時点に「チャレンジ」が置かれました。プロジェクトを開始する時点で、どのようなチャレンジを行うのかという探索の方向性が設定されていることの重要性を示しています。

　また、ダブルダイヤモンドプロセスの前段階を拡張し、トリプルダイヤモンドプロセスとするフレー

ムワークも登場しています。たとえば、2019年度のサービスデザインのグローバルカンファレンスにおいてジュリー・グイン氏による「Designing in Complexity」と題した講演では、デザイン思考をどのような領域に対し適用するかというスコープ定義のためのダイヤモンドをプロセスの最初に置いたトリプルダイヤモンドプロセスが提示されました[03]。正解のない複雑な問題を扱う際に、1つ目のダイヤモンドで、「調査（Survey）」と「スコープ（Scope）」のフェーズを通して、デザイン思考を実施する方向性を決めていきます。日本企業でもダブルダイヤモンドを拡張して不確実性の高い環境にア

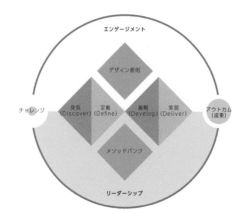

2019年にアップデートされたダブルダイヤモンドプロセスでは、デザイン思考実施のスタート地点に「チャレンジ」が置かれている
出典：デザインカウンシル「The Double Diamond（https://www.designcouncil.org.uk/sites/default/files/asset/document/Double Diamond Model 2019.pdf）」をもとに作図

[02]　ダブルダイヤモンドプロセス

プローチする動きがあります。たとえば、自社の事業開発プロセスにデザイン思考を導入している東芝もトリプルダイヤモンドプロセスを定義しています。東芝は顧客価値を創出するためにUXデザイン、デザイン思考、サービスデザインなどを複合的に用いる「Customer Value Design」という独自のデザイン思考プロセスを定義しています[04]。そのプロセスは「ビジョン共有」、「課題発見」、「課題解決」という3フェーズからなるトリプルダイヤモンドプロセスとして表現されます。最初のダイヤモンドでは、まず未来に対するイメージを膨らませ、そこから自分たちがやりたいこと、目的を定義します。先に紹介したグイン氏のトリプルダイヤモンドプロセスでのスコープ定義は、進め方の考え方を整理した

フレームワークですが、こちらはより、参加するステークホルダーの思いや意思を引き出すことにフォーカスしたフレームワークといえるでしょう。

ビジョンによってユーザー中心視点での
価値創出可能性を高める

　ここまででデザイン思考プロセスを実施していくうえで必要となるビジョンについて説明してきましたが、もう1つイノベーション創出に向けてビジョンは重要な役割を果たすと考えています。それは、企業活動をユーザー中心視点での価値創出に向けて進めていく際の指針となり得るということです。基本的に企業は、価値を提案し、ユーザーが実際にサービスを利用し価値が実現され、その対価として得た

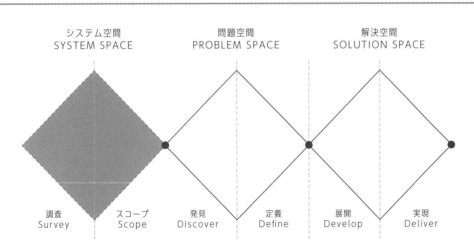

ダブルダイヤモンドプロセスを実施する前提として、どのような領域で課題探索するかを決める「システム空間」の必要性を提示した
出典：「Designing in Complexity（https://www.slideshare.net/sdnetwork/juile-guinndesigning-in-complexity）」をもとに訳出、作図

[03] グイン氏のトリプルダイヤモンドプロセス

売り上げから利益を生み出し続けることがミッションです。このような活動は、ビジネス環境の変化によってさまざまな要素とのバランスを取らなければならなくなっています。環境負荷をどのように考えるか、大きなマーケットを求めたいがニッチな独自性のあるサービスにしなければ付加価値が生まれない、文化の盗用や多様性への配慮をどのように実施するか、などなど……。このようなバランスは、いくつかの悲しい先例が示すように企業の現場において、いつのまにか利益優先に傾いてしまいがちです。デザイン思考の進展に伴いユーザーの状況や心理が理解されるにつれ、企業の利益優先でユーザーをコントロールするような体験がデザインできるようになりました。それらはDark UX、Evil UXなどと呼

ばれ、長期的に継続可能な事業創出において避けるべきこととして議論が続けられています。

長期的、社会的視点でユーザー中心を実現するためには、プロジェクトメンバーとして、そして一個人としてどのようなビジョン、理想像を置くのかが重要になります。自社のサービスというスコープで見れば問題のないサービスだとしても、スコープを広げて社会全体で捉えると、さまざまなサービスとの関係性や環境にとってマイナスの影響がある可能性もあります。社会、企業、ユーザーのいわゆる三方よしを目指し、バランスを取りながら継続的に利益を上げるための活動は多くの企業において始まっています。

たとえば冒頭で紹介したAppleのスクリーンタイ

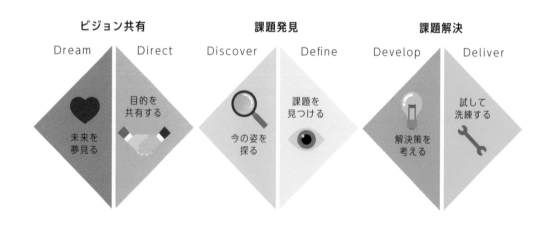

ビジョン共有　　**課題発見**　　**課題解決**

Dream　Direct　Discover　Define　Develop　Deliver

未来を夢見る　目的を共有する　今の姿を探る　課題を見つける　解決策を考える　試して洗練する

カスタマーバリューデザインのプロセスでは、ダブルダイヤモンドのプロセスに先立ち、未来を夢見て、目的を共有するというフェーズが追加されている
出典：東芝「Customer Value Design（https://www.toshiba.co.jp/design/cvd/）」をもとに作図

［04］東芝のカスタマーバリューデザイン

［05］Nintendo みまもりSwitchのコンセプト

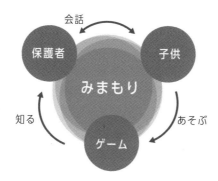

任天堂のペアレンタルコントロール用のアプリは、「みまもり」をコンセプトとしたユーザー体験を提案している

出典：キャリアハック「任天堂がデザインする、ゲームと親子の関わり方｜娯楽のUI 公式レポート #3（https://careerhack.en-japan.com/report/detail/970）」をもとに作図

ムは、ユーザーの依存を抑制することでバランスを取るための1つの機能と捉えることができるでしょう。事例でも紹介した任天堂では、「Nintendo みまもりSwitch」という子どものゲームプレイ状況を把握できるペアレンタルコントロール支援アプリを提供しています［05］。

　一般にペアレンタルコントロールは、保護者が子どもの情報通信機器の利用しすぎや不適切な利用を防ぐために機器利用を監視・制限するものです。しかし、このアプリでは、コントロールしながらコミュニケーションを促進することを理想とし、「みまもり」をコンセプトとして開発されました。

　初期のプロトタイプでは主要な機能として強制終了が強調されていましたが、保護者と子どもが相互に理解し合いながら適切なプレイ時間を模索できるよう、ゲームタイトルの画像を大きく表示するなど

会話のきっかけができるようなユーザー体験づくりを心がけています。その結果、AppStoreでは5点満点中の4.4点という高い評価（2021年1月9日時点）をユーザーから受けています。

　ゲーム事業において、もしも利潤のみを追求するのであれば、ゲームプレイ時間が長ければ長いほど、課金が必要なゲームバランス、仕組みになっていればいるほどよい、というようなことになりますが、ゲーム依存や思わぬ高額課金などの問題につながりかねません。それではユーザーの非利益となるうえに、社会的な批判を招き事業にとってのリスクとなり得ます。組織としても社会課題とバランスを取った事業構築が求められる昨今の市場環境に対応する機会を失っている、とも考えられるのではないでしょうか。

SECTION 08

具体的な取り組み方③
ビジョンデザインの方法論

デザイン思考の推進に必要となるのは
企業ビジョンとは異なる、チームで共有するビジョンです。
そして、それをつくるためには社会を広く細かく見るアプローチが有効です。

◆デザイン思考で必要なのはアジャイルビジョン

　前のセクションでは、デザイン思考を実践するうえでビジョンをデザインすることの重要性を紹介しました。それではデザインすべきビジョンとはどの

ようなものなのでしょうか。

　以前より組織の理想像としてビジョンを策定するケースが多くありましたが[01]、デザイン思考の

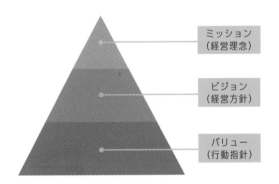

組織において経営理念を各社員に伝えていくためのビジョン

[01] 組織全体で活用されるビジョン

[02] アジャイルビジョン

アジャイルビジョン（共有され活動と共に更新する理想像）

個々人のビジョン　　　　　　　　　　　　　　　　　　組織のビジョン

アジャイルビジョンは、個々人のビジョンと組織のビジョンの中間のような存在

実践のためには、グループ活動を円滑に行うためにチーム内で共有する作業仮説としてのビジョン（アジャイルビジョン）が有用です[01]。アジャイルビジョンは、一人ひとりの思いをもとに皆でつくり、状況に応じて随時アップデートをしていくような、個々人の想いと組織のビジョンの中間のような存在です。アジャイルビジョンがあることで、1つの指針を置きつつ探索を進めることができ、前に進みながら自分自身がやりたいことや重視したいこともわかってきます。プロジェクトの初期から市場環境の変化やユーザーリサーチの結果などのさまざまなインプットを受けて、物事を捉えるスコープや重視すべきポイントを柔軟に変化させていき、ビジョン自体をアップデートしながら検討を進めることが重要です[02]。

ビジネスにおけるビジョンそのものは新しいものではなく、ミッション、ビジョン、バリューなどとして、組織のメンバーが同じ方向を向くために共通した指針を示すものとして、これまでも使われてきました。「ビジョン」には訳語として「視覚」「展望」などがあてられるように、ビジョナリーと呼ばれるような人々が持っており、その人を突き動かすものという側面もあります。しかし、企業など組織単位のビジョンは多くの人々を後押しするために、大きなテーマを取り扱っていることが多く、利用される時間軸も長くなる傾向があります。また、誰でもがビジョナリーのような強いビジョンを持てるきっかけと出会えるわけでもありません。そのため、複数人で共有し更新していくようなアジャイルなビジョンが探索的なチーム活動では有効になります。

155

◆ビジョンデザインの方法

筆者が勤めるデザイン会社のコンセントでは、デザイン思考を実践するうえで前述したビジョンデザインが必要という課題感のもと、社会人に向けたデザイン思考とビジョンデザインの学習プログラムとして5日間に渡るワークショッププログラム「NXT ENGINEERING（ネクスト・エンジニアリング）」の開発を行いました。このプログラムでは、デザイン思考による課題定義や解決策策定の前段階として、チームでアジャイルビジョンをデザインするプログラムを盛り込んでいます。

本プログラムは、社会人向けリカレント教育プログラム開発事業として2019年度に厚生労働省より委託を受け開発しました。当該プログラムは、社会全体でのデザイン思考に対する需要に応えるため、誰もが自由に利用できるプログラムとして厚生労働省のサイトで無償公開されています[03]。また、プログラムをどなたでも実施しやすくするために、ファシリテーションガイドもあわせて公開しています。

昨今の不確実な社会環境においては、明確な課題に対してスピーディーに正解を出していくのではなく、あるべき理想像を描きつつ何が課題なのかを問い直しながら解決を探索する能力が必要になります。新しいサービスの実現を通してこれからの社会を構築するためには、とくに急速に発展が進むデジタル技術活用においてこのような能力が非常に重要になります。

しかし、エンジニアなど高度な専門性を持った人材は、課題が未定義な不確実性の高い領域での探索

本プログラムの資料は以下の厚生労働省のサイトから、どなたでも自由にダウンロード、ご利用いただけます
厚生労働省「開発した教育訓練プログラム開発(2.IoTを活用した分野)」(https://www.mhlw.go.jp/stf/seisakunitsuite/bunya/koyou_roudou/jinzaikaihatsu/program_development_text.html#IoT)

[03] NXT ENGINEERING IoT×デザイン思考ワークショップ

機会が豊富とはいえない状況にあります。このような状況を踏まえ、プログラムでは対象をエンジニアとし、IoT×デザイン思考をテーマとしました。

ビジョンデザインのプログラムでは、社会を見る新しい視点を協働作業によってつくり、そこからどのような論点があるか、理想とする未来像は何かを考えていくワークショップを行います。

まず、さまざまな社会変化の兆しをカード化した「シグナル」と、社会構造を変化のスピードとインパクト別に6層に分ける「ペースレイヤリング」の考え方を使ったワークを行います[04]。

ペースレイヤリングはAppleのスティーブ・ジョブズ氏にも多大な影響を与えた伝説の商品カタログ『ホール・アース・カタログ』の創始者スチュアート・ブランド氏が著作で示した概念です。ペースレイヤリングは、6つのレイヤーが積み重なったもの

です。上から下へ、流行（Fashion）、商業（Commerce）、ガバナンス（Governance）、インフラ（Infrastructure）、文化（Culture）、自然（Nature）と、変化のスピードが速いものから順に並びます。

NXT ENGINEERINGでは、シグナルをペースレイヤリング上に配置しつつ、ワークに参加する個々のメンバーが持つ課題感を掛け合わせ世のなかの出来事の因果関係をつなぎながら、新しい社会の見方を模索します。作成したペースレイヤリングを触媒として、参加者同士でどのような論点があるのか、どのような未来を実現すべきかをディスカッションし、最終的に1つの実現すべき未来とそこで暮らすある1人の人物のストーリーを具体化したアジャイルビジョンとしてアウトプットします。

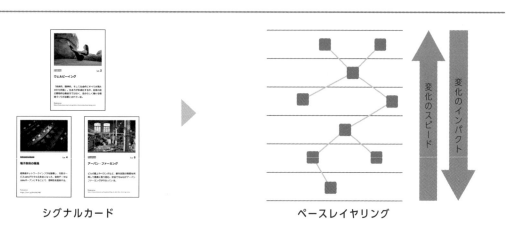

シグナルカード　　　　　　　　　ペースレイヤリング

NXT ENGINEERINGでは、シグナルをペースレイヤリング上に配置し、広い視点で取り組むべき課題とつくり出したい未来のイメージをつくる
シグナルカード 出典：厚生労働省ホームページ「NXT ENGINEERING ワークシート類（https://www.mhlw.go.jp/content/11600000/000664528.pdf）」

[04]　「シグナル」と「ペースレイヤリング」

SECTION 09

具体的な取り組み方④
小さく始めて育てる

デザイン思考は不確実性を孕むプロセスです。
そのため、組織へ導入を進めていくためにはできる限り小さく、
自分たちでできるところから始めていくことが大切です。

◆ ベストプラクティスは小さく始めること

デザイン思考は、不確実な領域に対して探索的に検討を行うプロセスであり、必ず成果が出るものではありません。そのため実際にやってみようとすると、導入の仕方に悩む場合も多いのではないでしょうか。そのような場合の有効な方法の1つは、とにかく小さく始めることです。

筆者が所属するコンセントでは、2017年に一般社団法人 行政情報システム研究所から委託を受け、行政組織においてサービスデザインの組織導入を推進するための調査研究に協力を行いました。

調査では、ヨーロッパを中心とした各国政府や国内外の民間企業のデザイン導入状況をデスクリサーチやアンケート、ヒアリングなどを通して収集、分析し、ベストプラクティスのモデル化を行いました。結果として、成果を出している組織のデザイン導入は小さく始めて、段階的に少しずつ拡大させていくというアプローチであることがわかりました。

まずは小規模なワークショップなどの取り組みから始めて、個別プロジェクト単位で実験的な取り組みを繰り返しながら少しずつ成果をあげ、経験を蓄積していきます。そして、得られた経験を組織での能力育成プロセスや標準プロセスへの統合を進めていきます。最終的には、マネジメントへのデザイン導入を行い、既存業務プロセスとの融合を果たし、組織全体へと浸透させていくのです[01]。

それでは、サービスデザイン推進モデルでの各フェーズの内容を簡単に紹介します。最初の「導入フェーズ」では、小規模なワークショップなどによるデザイン思考の実験的導入などから始まり、個別プロジェクトにデザイン思考などのデザインの方法論を実験的に取り入れます。まったく新しい新規事業を開発するような、探索性が高い、規模の大きいプロジェクト、というよりは、すでにある現状サービスのユーザー体験を改善するような小規模なプロジェクトが望ましいでしょう。

たとえばPART1で紹介した、アメリカの金融機関

［01］ サービスデザイン推進モデル

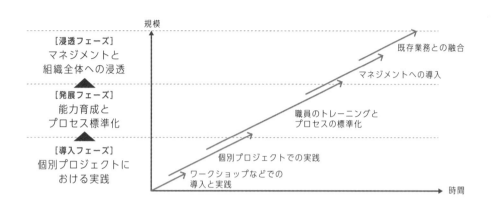

デザインの組織導入は、個別プロジェクト単位の活動から始め成果を出し、次の取り組みへと一部成果を受け渡しながら、段階的に組織全体の活動として次第に拡大させていくことが望ましい

出典：行政情報システム研究所「行政におけるサービスデザイン推進に関する調査研究 (https://www.iais.or.jp/reports/labreport/20180331/servicedesign2017/)」

Capital Oneによって買収されたAdaptive Pathの代表的なプロジェクトは、神経クリニックのユーザー体験を改善するものです。患者や、医師、スタッフに対して、観察調査やインタビューなどを実施し、サービスブループリントと呼ばれるサービス提供フローの視覚化やニーズ把握を行いました。スコープを絞ったユーザーリサーチをもとに、業務フローの視覚化やニーズの抽出をしっかりと行っており、その結果、ユーザー体験改善のためにフロアレイアウトの変更から新しいコミュニケーションメディアの提案まで、さまざまな案が発想されています。まずはこのような具体的なフィールドやスコープを絞ったり、主要メソッドを定めて小さい範囲で検討を1度回してみる、といったことは有効な手段の1つです。

次の「発展フェーズ」では、最初のフェーズでデザイン導入において中心的な役割を果たしていたメンバーが個別プロジェクトでのトライアルを繰り返しながら少しずつ取り組みを広げ、プロジェクト実行の主体者から組織にデザインを導入する支援者に役割を変化させていきます。具体的には個別プロジェクトにおいてはコーチングやメンタリングなどを担当したり、ワークショップや研修といったデザイン教育プログラムの策定に関わったりするなどし、プロジェクトに関わる人々や組織の規模を拡大させていきます。

最後の「浸透フェーズ」では、組織内でのサービス開発のプロセスにデザインアプローチを融合させ

ます。自社のサービス開発プロセスをデザインアプローチを統合させた新しいものに変更したり、デザイン責任者を経営レベルに置いたりするなど、デザインアプローチと既存のビジネスプロセスとの融合を果たしていきます。経済産業省・特許庁の推進する『「デザイン経営」宣言』でも、組織内にデザイン責任者を置くなどのアプローチをデザイン経営実現のための条件として提言しています。

とはいえ、社内外での勉強会や1Dayワークショップなどであれば比較的実施が容易だと思いますが、パイロットプロジェクトや実際のプロジェクトを実施しようとすると一気にハードルが上がる状況も多いと思います。このようなハードルを乗り越えるためのプロジェクトの実施方法にはいくつかのパターンがあります。

たとえば、ライブトレーニングと呼ばれる、プロジェクトの実施とデザイン思考のトレーニングを同時に行っていくプロジェクト形態があります。コンセントでは、神戸市の生活保護サービスを改善するためのプロジェクトで、このライブトレーニングを実施しました[02]。

デザイン思考のプロセスの実行を、基本的にクライアントである神戸市側と支援側であるコンセントの両社で協働で実施します。また、将来的にはクライアントである行政側が自走できるよう、デザインメソッドのレクチャープログラムをプロジェクトプロセスのステップごとに実施します。ライブトレーニングでは段階的にトレーニングを挟み込みながらプロセスを協働で推進していくため、プロジェクト実施のハードルをスキルとコストの両面で下げることができます。

本プロジェクトは、デザイン思考の中心的な概念である人間中心設計（Human Centered Design）を用いた行政サービス改善と組織導入支援の共有価値の高いナレッジ・ノウハウとして、NPO法人 人間中心設計推進機構「HCD-Net AWARD 2020」に

神戸市の生活保護業務改善のプロジェクトでは、ライブトレーニング形式でのプロジェクトを実施
出典：株式会社コンセント「神戸市 生活保護業務のサービスデザイン支援（https://www.concentinc.jp/works/kobe_service-design_202011/）」

[02] ライブトレーニングによる生活保護業務のサービスデザイン支援

[03]　ダブルダイヤモンドプロセス

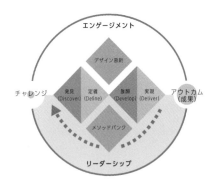

2019年にアップデートされたダブルダイヤモンドプロセスにはメソッドバンクというメソッドを蓄積していく仕組みが追記されている
出典：デザインカウンシル「The Double Diamond (https://www.designcouncil.org.uk/sites/default/files/asset/document/Double Diamond Model 2019.pdf)」をもとに作図

て優秀賞を受賞しています。

　導入フェーズの次の「発展フェーズ」を推進していくための方法は、アップデートされたダブルダイヤモンドプロセスの「メソッドバンク」が参考になります[03]。メソッドバンクは、クライアントや自組織の課題特定や成果創出を行うために実際に適用したデザインメソッドのポートフォリオです。メソッドは「探索（Explore）」「形成（Shape）」「構築（Build）」の3つのカテゴリーに分類、整理され新たなデザインプロジェクトを実施する際に再利用することが提唱されています。ダブルダイヤモンドのフレームワークでは実現（Deliver）フェーズの最後から、メソッドバンクを通り最初に戻る矢印が引かれています。つまり、あるプロジェクトを実施し効果のあったメソッドをメソッドバンクに整理蓄積し、また次のプロジェクトで活用するという漸進的

な取り組みを行いながら知見を積み重ねていく仕組みの構築が推奨されているのです。

　この、実践を通して得た経験をメソッドとして蓄積していくことは、デザインを組織として実践していく際に非常に重要なポイントです。プロセスとしてのメソッドの情報はさまざまなメディアで公開されており多すぎるほど豊富に得られますが、実際にどのようにやれば、どのように考えればうまくいくのか、といった実際に利用する人・組織、プロジェクトの内容などに応じた知見を得るためには実践が必要なためなかなか得ることができません。

　PART1でデザイン思考で必要となる思考モードの紹介をしましたが、このような考え方もあわせたナレッジトランスファー観点も含めたメソッド整理を行うことが重要です。

具体的な取り組み方⑤
実践するためのマインドセットを知る

デザイン思考ではこれまで一般的なビジネスで求められることが多かった
課題に対して正解を出すことではなく、課題そのものを探すことが求められます。
その実践を助ける3つのマインドセットを紹介します。

ネガティブ・ケイパビリティ

拡散的思考

抽象的思考

◆デザイン思考の実践を促進する3つのマインドセット

　デザイン思考は多様な人々が共創するためのガイドラインであり、その実践に必要なのはその名の通りデザイン思考という思考様式です。しかし、これまで論理的思考によってゴールを設定し、それを最速最短で達成することを求められてきたビジネスパーソンにとっては、デザイン思考を実践するハードルは予想以上に高いものかもしれません。

　たとえば、ユーザーリサーチでどのような発見につながるのか確証が得られないままに、ユーザーの普段の暮らしを根掘り葉掘り聞いたり、そのときにどのような気持ちで過ごしていたのかに共感したりすること、どう考えても馬鹿げているアイデアをブレストで大量に出したりすること、などです。一体

どう着地するのかがわからない、無意味に終わるかもしれない——そんな行動を、何かを生み出せるかもしれないと信じてやりきらなければなりません。

　実際にデザイン思考のプロジェクトを実施していると「拡散的思考をするのが怖い」と口にする方が多くいます。またワークショップでは創造性を発揮できるように楽しい雰囲気を演出することも多いですが「社内で打ち上げ花火的なイベントとして認知されてしまいそうで、やりづらさを感じる」という声を聞くこともあります。

　そこでこのセクションでは、デザイン思考という考え方を実践するために、自覚的に意識しておけるとよい3つのマインドセットを紹介します。自分自

身の取り組みやすさを向上させることはもちろん、やりづらさを感じる局面でも、必要なマインドセットへの理解があると取り組みのポジティブな面を伝えやすいかもしれません。

①ネガティブ・ケイパビリティ

デザイン思考の実践に最も重要なマインドセットは、ネガティブ・ケイパビリティです。ネガティブ・ケイパビリティとは、詩人のジョン・キーツが著した言葉で「どうにも答えの出ない、どうにも対処しようのない事態に耐える能力」や「性急に証明や理由を求めずに、不確実さや不思議さ、懐疑のなかにいることができる能力」（帚木蓬生『ネガティブ・ケイパビリティ 答えの出ない事態に耐える力』朝日新聞出版）を指します。

リサーチで発見をするためには、普段であればわかったことにしておいたほうがよいことをあえて問い直す態度が求められる場合もあります。たとえばユーザーにインタビューをした際に「必ず駅前のコンビニに寄ります」といった発言を聞いたとして、それを「何かいつも買うものがあるのだろう」と勝手に解釈してしまうと、新しい発見を見過ごす可能性があります。もしかすると何かその人なりの特殊な事情や特別な楽しみがあるのかもしれません。

また、デザイン思考が必要とされる複雑性の高い環境では物事の意味の多義性が高まっており、それをさまざまなスコープから状況に応じて捉え直すことが柔軟に考えるために必要になります。新しい価値を生み出すためには物事の隠された側面、新しい意味を見つけ出すために常に物事の意味を同定しきらず判断保留のままにしておくことが役立つ可能性があります[01]。

多くの方はこれまでビジネスシーンで、できる限りすばやく利用できそうな情報を取捨選択することが求められてきたかと思います。そのためには些末な情報は切り捨て、モノゴトの意味をすばやく同定する必要がありますが、デザイン思考を実践するうえでは貴重な発見の機会を失う可能性があるのです。

モノゴトの意味を決め切らないことはほかの見方ができる切り口の余地を残す

[01] ネガティブ・ケイパビリティはモノゴトの多義性を許容する

② 拡散的思考

　2つ目のマインドセットは、拡散的思考です。ダブルダイヤモンドプロセスは、課題定義と解決策の策定それぞれで計2回、拡散的思考と収束的思考を繰り返すモデルとなっています。正解がわからないなかで新しいことを考えるために、まずは質を問わず可能な限りたくさんのアイデアを出す、といった拡散的思考を行い、そのなかから最適と思われるものを選び取っていき成功の確率を上げながらプロセスを進めていきます。

　ここで重要なのは、拡散フェーズは「拡散してもよい」のではなく「拡散させ切らなければならない」ということです[02]。ブレインストーミングで突拍子もないアイデアを歓迎するのは"実現可能性が低くても許容する"という意味ではなく、突拍子もないアイデアも含めて拡散させる必要があるからです。十二分に拡散していなければ、見逃している可能性があるかもしれず、期待している成功の確率を

上げる効果が薄まります。

　しかし、拡散的思考は実は非常に実践するのが難しい部分だと感じます。先ほど述べたように、真摯に仕事に取り組んできたビジネスパーソンほど、課題に対し最短最速でゴールを出すことが評価されてきたはずです。ゴールが見えないまま馬鹿げた（ように聞こえる）アイデアを出す、といった行動は多くのビジネスパーソンにとって「無駄なことをしているのではないか」「非生産的なことをしているのではないか」といった恐れや不安を抱かせるように思います。

　もしそのような怖れを感じているのであれば、十二分な拡散的思考をするためには個々人の心にあるリミッターを外さなければなりません。プロジェクトを推進するファシリテーターがその重要性を理解し、さまざまな工夫を盛り込むことはもちろんですが、個々のメンバーもできる限り意識的にリミッターを外すよう意識していくことが重要です。

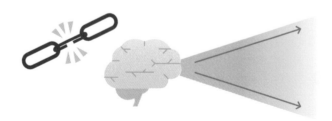

普段とは求められていることが違うということを意識し、リミッターを外して考える

[02] 拡散的思考では思い切って拡散させ切る

[03] 抽象化思考で未知を発見する

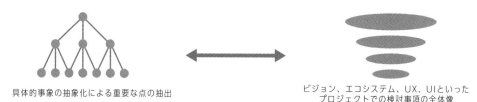

具体的事象の抽象化による重要な点の抽出

ビジョン、エコシステム、UX、UIといった
プロジェクトでの検討事項の全体像

未知を発見するために複雑な全体と個別事象を行き来して考える

③抽象化思考

　最後の1つが、抽象化思考です。抽象化とは複数の物事に共通することを捉えて本質的に重要なものを抽出することです。P.38でも紹介した通り、デザイン思考を進めていくための思考モードでは、具体と抽象を頻繁に行き来する必要があります。この抽象化思考を実施するためには、未知の発見を希求するマインドが重要になります[03]。

　ネガティブ・ケイパビリティや拡散的思考は、抽象化によって重要なことを発見するための下地づくりに有効な考え方だといってもよいでしょう。最初の2つの考え方ができれば、多数の意味が定まっていないモノゴトが目の前に並ぶことになるからです。抽象化は、そこからプロジェクトの目的と合致した役に立つ情報を抽出していくために必要になります。

　抽象化自体は冒頭で述べた通り、複数の物事の共通する要素を抽出して重要なものを選べばよいのですが、昨今の複雑化した状況のなかでこれを行う事は非常に思考体力を必要とすると感じます。デジタ

ル技術が発展した現在では、サービスを構築するために考えなければならないレイヤーが非常に多くなっているからです。

　現在の市場環境やサービスエコシステム、ユーザ体験の全体像、サービス接点であるユーザー体験のあり方、そしてユーザーインターフェースのデザイン、言葉の表現、ビジュアルのトーン＆マナーなどなど、1つのサービスに関係する要素は非常に複層的です。特定のタスクの結果から何が重要なのかを考えるためには、共通する要素のなかからこのような階層のどのようなレイヤーと関係するものなのかをイメージしながら探索的に考えていかなければなりません。

　デザイン思考のプロジェクトではリサーチ結果や発想したアイデアの分析などで、このような抽象化を行うシーンが数多くあります。はじめのうちは困難さを感じることがあるかもしれませんが、何度も繰り返し実施しているうちに発見の喜びを感じるようになるはずです。

SECTION 11

具体的な取り組み方⑥
今日から始めるデザイン思考のエクササイズ

スモールスタートするとしても、なかなか始めることが難しい場合は、
自分自身から少しずつ始めてみましょう。
それ自体がデザイン思考のスモールスタートのプロトタイピングにもなります。

◆自分自身から始める4つのエクササイズ

　P.158で、デザイン思考はできる限り小さく始めることが望ましい、と紹介しました。それでも環境によってはチャレンジが難しいという場合があるかもしれません。その場合には、まず自分自身から普段の仕事や生活のなかにデザイン思考の実践に役立つ考え方を取り入れてみましょう[01]。もしここに挙げた小さなトライアルが自分自身にとって新しい成果が出るようであれば、少しずつその成果を周囲にシェアして、社内の勉強会や小さなプロジェクトなどの具体的な取り組みにつなげていきましょう。

①何でもそもそもから考えてみる

　1つ目のおすすめは、「何でもそもそもから考えてみる」ことです。何か新しいことに取り組む必要が出てきたとき、そのそもそもの目的や目指すべき成果について、改めて問い直してみましょう。

　さまざまなシーンで、手段が目的化していないかどうか、この取り組みの意味は何かを改めて問い直

してみることはモノゴトの重要なポイントを掴むためのとてもよいエクササイズになります。デザイン思考の実践において重要なのはその手段やアウトプットではなく、あくまで成果（アウトカム）です。デザイン思考のさまざまなフレームワークは、成果を目指すことを助けますが、答えは与えてくれません。フレームワークを使ってしっかりと考えるためには普段からそもそもを考えることをお勧めします。

　このような考え方は、ロジックモデルと呼ばれるフレームワークで求められるものでもあります。ロジックモデルは、数字で測りにくい長期的な成果を創出しようとする場合に、どのような活動を行うべきかを成果（アウトカム）、結果（アウトプット）、活動、資源と最終的な成果から逆算して計画していくことで、長期的なスパンで成果創出に向けて効果的に活動していくことを助けるものです。

　複雑性の高まる現代社会において、ユーザー、企業、社会の三方よしで価値を創出していくためには、

このような長期的、成果重視の視点が欠かせません。

②とにかく考えを図にしてみる

次のおすすめは、「とにかく考えを図にしてみる」ことです。昨今ではリモートワークが増えているため、気軽にホワイトボードを使ったミーティングなどをすることは難しい状況にあるかもしれません。そのような場合でも、手元にA4コピー紙とペンさえあれば（もちろんしっかりとしたノートとお気に入りの万年筆でも）、すぐにその場で考えを図にしてみることができます。デザイン思考のプロセスでは、抽象的な概念を図解したり、ユーザーの行動をカスタマージャーニーマップなどにしたり、特徴をペルソナにまとめたりなど情報を分析し、何らかの概念に形を与え人と共有できる状態にするタスクを頻繁に行います。

このような場合のポイントは、見やすい資料をつくることではなく情報を視覚的に表現しながら、重要なポイントを抽象化し、情報を一般的なモデルに統合していくことです。そのためにどのように情報を構造化するかをトライアルアンドエラーを繰り返しながら検討することがとてもよいエクササイズになります。紙とペンを使ってラフに描くことは、パソコンでの作業が多くなった現在では、意外と意識しないと取り組むことができません。出来栄えが気になるのであれば、納得がいくまで自分の手元でだ

①何でもそもそもから考えてみる

何かに取り組むときに、
目指すべき成果や前提を考えてみましょう

②とにかく考えを図にしてみる

何かを考えるときに、紙やペンを使って
考えを外部化してみましょう

③ことあるごとにロールプレイしてみる

機会を見つけて、他人の視点から
物事を見てみましょう

④なるべく小説・ドキュメンタリーを読む

小説やドキュメンタリーで手軽に
他者の視点や答えのない問いに触れましょう

[01]　自分自身から始められる4つのエクササイズ

け取り組んでもよいでしょう。

　また、リサーチでは、ユーザーに関する一次情報をできる限りバイアスを排しつつ多く収集します。それらは一見するとつながりが見えない大量の情報のため、頭のなかだけで整理したり、ロジカルに順を追って整理することは難しいのです。

　たとえば、インタビューを通してユーザーの顕在／潜在ニーズを分析する場合、1インタビュー1〜1.5時間だとして、おおよそ1インタビューにつき、分析対象とするユーザーの発言や行動に関する記述は100〜150フレーズほどになります。5人分のインタビューを分析するとなると、分析対象となるデータは500〜750フレーズほどのデータ量です。価値マップ作成などの定性分析では、ユーザー発言の裏の意味を類推しながら、それぞれの関連性を模索してつながりを見出していきます。このような情報量の分析は少しずつ順を追って構造化していくことは難しいため、常に全体像を把握しながら1つ1つのデータを考察する、といった考え方が必要になります。

　そのため、得られた情報をたとえばカードなどに書き出し、共通するカテゴリーに分類するなど操作することによって考えていきます。このような定性分析には、思考を外部化して操作できる状態にすることが必須になるのです。

　普段の仕事では、「資料」という成果物をつくるためにテキストを入力したり図表を作成したりすることが多くなると思います。デザイン思考のプロセスでは、さまざまな情報を視覚的に表現し外部化してプロジェクトメンバーと議論を繰り返しながら成果創出を目指します。ぜひ日常の業務から思考の外部化を取り入れてみてください。

③ことあるごとにロールプレイしてみる

　3つ目のおすすめは、「ことあるごとにロールプレイしてみる」ということです。デザイン思考のプロセスではユーザー中心の視点で検討を進める必要があります。そのためのエクササイズは普段の業務のなかでもすぐに取り入れることができます。

　たとえば、ユーザー中心視点で、現在検討しているものがよいものか確かめるには、受け手の視点でチェックすればよいのです。一番簡単なのは、自分自身で他者の視点になってみて確認をしてみることです。その際に一番難しいことは、自分でつくったものを客観的な視点で評価しにくい、というです。それを乗り越えるためにコストも準備もなく簡単に実施できるのがロールプレイです。

　ゲームをされる方はRPG、ロールプレイングゲームという言葉をもちろんご存知だと思います。冒険者など、架空の誰かの役割を演じて遊ぶようなゲームのジャンルを指します。

　デザイン思考でのロールプレイとは、たとえば検討中のサービスを実際に利用するユーザーの人格を想定してレビューをしてみる、といったことです。レビューというよりは、架空の人格にできる限りなりきってみて、役割を演じてみて検討中のサービスを試しに使ってみることによって、自然と具体的に良し悪しの判断がしやすいことが実感できるでしょう。

　実際のサービス開発で、ユーザー体験の検証を行う場合などに、寸劇形式でロールプレイを行い、ユーザー体験に改善点がないかなどを短時間で検討します。ワークショップという特別な場でファシリテーターがきちんと場をデザインしコントロールしてもなお、往々にして参加者は気恥ずかしさを乗り越

えるのに時間がかかります。ただ、いざロールプレイをすると、大抵の場合は盛り上がりますし、ロールプレイが上手な方もたくさんいます。普段の仕事のなかではそもそもロールプレイをする機会がないだけで、実はこのようなプロセスに合う創造性や柔軟性を持っている方は大勢いるのではないかと考えています。

このようなロールプレイでの検証は、デザイン思考に限らず、通常の業務でも汎用的に使えるものです。たとえば、プレゼンテーション資料などでも、説明を受ける側の人をイメージして、興味・関心や質問されそうなことをシミュレーションするなどです。

ポイントは実際に寸劇的にプレイしてみて考えることです。身体感覚を伴うシミュレーションがたくさんの気付きをもたらしてくれることを実感できると思います。

④なるべく小説・ドキュメンタリーを読む

最後のおすすめは、「なるべく小説・ドキュメンタリーを読む」ことです。ビジネス書のように具体的な知識・ノウハウを扱ったものではなく、小説やドキュメンタリーを読むことは、ネガティブ・ケイパビリティや他者視点で物事を考える能力を高めるために非常に有効です。

読者の皆さんは、業務上の知識を得るため、普段から多くの資料やビジネス書を読んでいることと思います。これらには基本的に明確な主張や解と、それを理解するための説明によって構成されています。しかし小説やドキュメンタリーは（ジャンルにもよりますが）、さまざまな人間感情の機微や予想もしない現実によって、新しい物事を考えるためのインスピレーションを与えてくれます。

たとえばIA（Information Architecture：情報アーキテクチャ）の先駆者であり、TEDカンファレンスの創設者として知られるリチャード・ソール・ワーマン氏は著作『理解の秘密 マジカル・インストラクション』で古代ローマの抒情詩からアメリカ文学、自動車の取り扱い説明書まで広範な情報源をふんだんに活用して、人々のコミュニケーションに関する持論を展開しています。また、半導体メーカーのインテルは、将来を先取りした製品開発を行うため未来に起こりうるさまざまな事象をイメージできるよう、サイエンスフィクションを研究開発の手法として取り入れています。

このような普段の業務にすぐに使えるとは限らない情報源は、ともすると優先度が下がりがちです。しかし、とくにユーザーリサーチやアイデア発想、プロトタイピングなどにおいては、バリエーション豊かに人間の感情を捉えること、人とは違うモノゴトの見方をすること、前例にとらわれずに新しいモノゴトを具体化すること、これらが成果を生み出すために必要です。

もしあまり触れる機会がなければ、普段の情報源のポートフォリオを組み替えて、少しずつ積み上げていけると今後大きな強みになるはずです。ぜひ機会を見つけて試してみていただければと思います。

SECTION 12

終わりに:消えるデザイン思考

デザイン思考は重要な考え方ですが、その言葉は消えてなくなることが理想です。
一人ひとりの実践によってこのような考え方が社会に定着した結果、
当たり前のものとなっていくことが重要です。

◆ 消える「デザイン思考」

いつか「デザイン思考」という言葉は消えるべきものです。ただし否定された結果ではなく、当たり前のものとして定着した結果としてです[01]。

ここまで、デザイン思考とは何か、ケーススタディーから学べることは何か、取り巻く状況や実践方法は何か、といったことを紹介してきました。昨今、社会はVUCAと呼ばれる先が見通せない状況になってきています。以前より、新しいモノゴトを生み出すためには、新しい思考様式が必要だといわれています。その状況を受け、さまざまな組織が未来を切り開くための1つの方法として、デザイン思考の導入を進めています。

本書冒頭で紹介した通り、デザインとは「ヒトに寄り添い課題を見つけ、創造的に課題を解決するもの」であり、デザイン思考はそれを多様な人々と進めていくための共通言語として機能するべきものです。その目的は、そもそもの課題をユーザー中心の視点できちんと捉えること、可能性を探索しながら最適な方法を見つけること、コストをかけずに構想

を段階的に構築していくことなどといった、ある意味で当たり前にやったほうがよいことです。これらはデザイン思考を使わなければ絶対にできないものでもありませんし、多くの人々がすでに実践してきたことでもあります。

しかし、世のなかの状況に目を向けると、現在その「当たり前」の実践はなかなかに難しいものだと思わされます。地球資源は枯渇しており、多くの国の人々が先進国のような暮らしをすれば地球が複数個必要になるといわれています。Z世代と呼ばれる若い世代を筆頭に企業の事業に対し、社会的責任を果たすことを期待する傾向が強まっています。そして企業はこのような状況を背景に多様性やサスティナビリティに対して取り組まなければ顧客の支持を得られず、ひいては投資を得にくくなるような状況も生まれています。これまで多かった明確な課題に対して答えを出していくのではなく、不確実性の高い領域に飛び込み可能性を探索する取り組みが求められます。

こうした取り組みを実践する際にデザイン思考は大きな力になるはずですが、不確実性を孕むアプローチを組織で実践するためには多くのハードルがあります。ここにデザイン思考を実践する際の大きなジレンマがあります。少しずつでも前に進むためには、まずは私たち一人ひとりが「デザイン思考」という言葉に寄りかかりすぎず、自分なりの考えで活動を始めることに可能性があります。

私自身は、社会に存在する課題は、ある意味でほぼすべてコミュニケーション課題だと考えています。状況は千差万別ですが、ほぼあらゆるシーンにコミュニケーションが関わるからです。

筆者はもともとエディトリアルデザインという、情報設計とグラフィックデザインのスキルを使ったデザインを通してコミュニケーション課題の解決にあたってきました。そのため、これらのスキルを使い

価値を産み出す活動に貢献することが自分自身がとくに力を傾ける部分だと考えています。今後、さまざまな強みを持つ方々が少しずつでも自分自身の視点、できることをベースにデザイン思考という共通言語を使い価値創出に取り組むようになれば、きっと大きな変化が生まれるでしょう。

私の大好きな本に、オノ・ヨーコ氏の書いた『グレープフルーツ・ジュース』があります。読者にさまざまな想像を促す問いかけがたくさん収められた詩集です。ジョン・レノン氏はこの詩集に触発され名曲『イマジン』を生みました。詩集では最後に「この本を燃やしなさい。読み終えたら。」と読者に呼びかけます。本を読み終えて、自由に想像する力を取り戻した読者には、もはや触媒となる本は足枷にしかなりません。筆者もまた、読み終えた皆さんが本書を必要としなくなることを願っています。

Design Thinking

デザイン思考が一人ひとりの当たり前になることが理想

[01] 消えるデザイン思考

用語索引

参考文献

[PART1]
・「亀倉雄策 オリンピックのポスターをアートにした」（笹川スポーツ財団、https://www.ssf.or.jp/ssf_eyes/history/supporter/14.html、2020年8月24日アクセス）
・『ココ・シャネルのファッションスタイル』藤本純子著（日本衣服学会誌、2010-2011、54巻、2号、P.83-86）
・「Sony History 第6章 理屈をこねる前にやってみよう」（Sony Japan、https://www.sony.co.jp/SonyInfo/CorporateInfo/History/SonyHistory/2-06.html、2020年8月24日アクセス）
・「What is the framework for innovation? Design Council's evolved Double Diamond」（Design Council、https://www.designcouncil.org.uk/news-opinion/what-framework-innovation-design-councils-evolved-double-diamond、2020年8月24日アクセス）
・「design thinking bootleg」（d.school、https://dschool.stanford.edu/s/9wuqfxx68fy8xu67khdiliueusae4i、2020年8月24日アクセス）
・『人間工学—インタラクティブシステムの人間中心設計（JISZ8530）』（2019年、日本規格協会）
・黒須正明「人間中心設計の対象はシステム」（U-Site、https://u-site.jp/lecture/system-in-hcd-standards、2021年1月4日アクセス）
・「About Netflix - Helping members who haven't been watching cancel」（Netflix、https://about.netflix.com/en/news/helping-members-who-havent-been-watching-cancel、2021年1月4日アクセス）
・「The Service Design Studio at the Mayor's Office for Economic Opportunity」（ニューヨーク市ポータルサイト、https://www1.nyc.gov/site/opportunity/portfolio/service-design-studio.page、2021年1月4日アクセス）
・石川善樹「ビジネスに必要な「コンセプト」とは何か | フルライフ——今日の仕事と10年先の目標と100年の人生をつなぐ時間戦略」（cakes、https://cakes.mu/posts/29815、2020年8月24日アクセス）
・『「デザイン経営」宣言』（経済産業省・特許庁、https://www.meti.go.jp/press/2018/05/20180523002/20180523002-1.pdf、2020年8月24日アクセス）
・『101デザインメソッド — 革新的な製品・サービスを生む「アイデアの道具箱」』ヴィジェイ・クーマー著／渡部典子訳（2015年、英治出版）
・『This is Service Design Doing サービスデザインの実践』マーク・スティックドーン、アダム・ローレンス、マーカス・ホーメス、ヤコブ・シュナイダー著／安藤貴子、白川部君江訳（2020年、ビー・エヌ・エヌ）
・浅野智「半構造化インタビューと非構造化インタビュー」（経験デザイン研究所、http://asanoken.jugem.jp/?eid=1075、2020年8月24日アクセス）
・『これからはじめるワークショップ』堀公俊著（2019年、日経BP）
・『ファシリテーション入門〈第2版〉』堀公俊著（2018年、日経BP）
・「HMW-Worksheet」（d.school、https://dschool.stanford.edu/s/HMW-Worksheet.pdf、2020年8月24日アクセス）
・「ブレインストーミング」（Wikipedia、https://ja.wikipedia.org/wiki/ブレインストーミング、2020年8月24日アクセス）
・『内向型人間の時代 社会を変える静かな人の力』スーザン・ケイン著／古草秀子訳（2013年、講談社）
・濱口秀司「日本人の性質を活かした究極のブレストとは？」（WORKSIGHT、https://www.worksight.jp/issues/59.html、2020年8月24日アクセス）
・「Twitter now asks, 'What's happening?'」（CNET、https://www.cnet.com/news/twitter-now-asks-whats-happening/、2020年8月24日アクセス）
・『起業の科学 スタートアップサイエンス』田所雅之著（2017年、日経BP）
・『リーン・スタートアップ』エリック・リース著／井口耕二訳（2012年、日経BP）
・Henrik Kniberg「Making sense of MVP (Minimum Viable Product) - and why I prefer Earliest Testable/Usable/Lovable」（Crisp's Blog、https://blog.crisp.se/2016/01/25/henrikkniberg/making-sense-of-mvp、2021年1月4日アクセス）
・大崎優「サービス開発の走り始めに効果アリ「コンセプトインプレッションシート」の活用」（株式会社コンセント、https://www.concentinc.jp/design_research/2020/03/cis/、2021年1月4日アクセス）

[PART2]
・『クリエイティブ・マインドセット 想像力・好奇心・勇気が目覚める驚異の思考法』デイヴィッド・ケリー、トム・ケリー著／千葉敏生訳（2014年、日経BP）
・「株主・投資家向け情報：業績・財務情報 - ゲーム専用機販売実績」（任天堂株式会社ウェブサイト、https://www.nintendo.co.jp/ir/finance/hard_soft/index.html、2020年8月24日アクセス）
・『ITプロフェッショナルは社会価値イノベーションを巻き起こせ』ITと新社会デザインフォーラム（NTTデータ、野村総合研究所）著（2013年、日経BP）
・渡邉康太郎「『意味のイノベーション』TEDxプレゼンの日本語訳」（note、https://note.com/waternavy/n/n8a0345f7f3e7、2020年8月24日アクセス）
・『デザインコンサルタントの仕事術』ルーク・ウィリアムス著／福田篤人訳（2014年、英治出版）
・『スティーブ・ジョブズ II』ウォルター・アイザックソン著／井口耕二訳（2011年、講談社）
・『Creative Selection Apple 創造を生む力』ケン・コシエンダ著／二木夢子訳（2019年、サンマーク出版）
・『ジョナサン・アイブ 偉大な製品を生み出すアップルの天才デザイナー』リーアンダー・ケイニー著／関美和訳（2015年、日経BP）
・『デザイン思考の道具箱：イノベーションを生む会社のつくり方』奥出直人著（2013年、早川書房）
・Phil Keys「iPodの開発（第1話）— 林檎の樹の根回し（1）」（日経クロステック、https://xtech.nikkei.com/dm/article/NEWS/20080710/154598/、2021年1月4日アクセス）
・郡司昇「中国スーパー『盒馬鮮生』が、顧客から圧倒的に支持される理由がわかる1枚の写真」（Agenda note、https://agenda-note.com/retail/detail/id/1722、2021年1月4日アクセス）
・『アフターデジタル オフラインのない時代に生き残る』藤井保文、尾原和啓著（2019年、日経BP）
・「オンラインとオフラインを融合させた新しい小売戦略『ニューリテール』」（アリババニュース、https://jp.alibabanews.com/オンラインとオフラインを融合させた新しい小売/、2021年1月4日アクセス）
・「NXT ENGINEERING Day1 Vision Design ワークショップ資料」（厚生労働省ホームページ、https://www.mhlw.go.jp/content/11600000/ne_work-text_day1.pdf）
・Service Design Network『Service Design Impact Report : Health Sector 日本語版』（2019年、https://www.service-design-network.org/chapters/japan/headlines/service-design-impact-report-health-sector）

・「ImagineCareウェブサイト」（ImagineCare、https://info.imaginecare.com/、2021年1月14日アクセス）
・Sean Dudley「Dartmouth-Hitchcock launches ImagineCare health solution」（TheRecord、https://www.technologyrecord.com/Article/dartmouth-hitchcock-launches-imaginecare-health-solution-47045、2021年1月14日アクセス）
・John Lippman「ImagineCare Assets Sold to Swedish Firm」（Valley News、https://www.vnews.com/Dartmouth-Hitchcock-sells-health-monitoring-and-maintenace-service-ImagineCare-to-Swedish-firm-LifecareX-9294250、2021年1月14日アクセス）
・『ユーザエクスペリエンス（UX）白書 ユーザエクスペリエンスの概念を明確にする』ヴィルピ・ロト、エフィー・ロー、アルノルド・フェルメーレン、イェティ・ホーンハウト著／hcdvalue訳（2010年、https://docs.google.com/viewer?a=v&pid=sites&srcid=ZGVmYXVsdGRvbWFpbnxoY2R2YWx1ZXxneDo2NWIxZTQwuMTdjYTU1YTNm）
・「Insurance Built For the 21st Century」（Lemonade、https://www.lemonade.com/、2021年1月5日アクセス）
・尾花政篤「オンライン保険会社LemonadeがIPO申請！苦境のソフトバンク投資先の中で救世主となるか？！」（note、https://note.com/obashige/n/n2d20d7346846、2020年11月30日アクセス）
・B Corporationウェブサイト（B Corporation、https://bcorporation.net/、2021年1月15日アクセス）
・「Millennials：Z世代について企業が知るべき10のこと」（QUARTZ、https://qz.com/emails/quartz-japan/1868766/、2021年1月15日アクセス）
・「Oslo City Bikeウェブサイト」（Oslo City Bike、https://oslobysykkel.no/en、2021年1月4日アクセス）
・「Making cities ride」（Heydays、https://heydays.no/project/city-bikes/、2020年8月24日アクセス）
・石塚理華「Oslo City Bike - ノルウェー・オスロにおける公共機関のデザイン事例」（note、https://note.com/rikayan/n/ne6a4fdc83fdf、2020年8月24日アクセス）
・「InHouse Recordsウェブサイト」（InHouse Records、https://www.inhouserecords.org/、2021年1月4日アクセス）
・『アメリカン・プリズン 潜入記者の見た知られざる刑務所ビジネス』シェーン・バウアー著／満園真木訳（2020年、東京創元社）
・『ミスマッチ 見えないユーザーを排除しない「インクルーシブ」なデザインへ』キャット・ホームズ著／ジョン・マエダ編集／大野千鶴訳（2019年、ビー・エヌ・エヌ）

[PART3]
・明石宗一郎「イノベーションを生み出す『デザイン思考』とは」（MONOist、https://monoist.atmarkit.co.jp/mn/articles/1801/23/news006.html、2020年8月24日アクセス）
・「デザインシンキングが導くデジタル変革 Design Thinking leads digital transformation」（SAP日本、https://www.sap.com/japan/documents/2020/01/c8b68975-817d-0010-87a3-c30de2ffd8ff.html、2021年1月24日アクセス）
・佐宗邦威「IBMがデザイナーを1000人雇い、デザイン思考を進める理由」（Forbes JAPAN、https://forbesjapan.com/articles/detail/15632/1/1/、2020年8月24日アクセス）
・大河原克行「IBMが本気で取り組む「デザインシンキング」の現場」（ダイヤモンド・オンライン、https://diamond.jp/articles/-/145897、2020年8月24日アクセス）
・「IBMデザインシンキング｜ユーザーとしての自らの体験を手法の改善に反映する」（i Magazine｜IS magazine、https://www.imagazine.co.jp/touden-part2/、2020年8月24日アクセス）
・「話せば生まれるコラボ 富士フイルム流のデザイン思考」（NIKKEI STYLE、https://style.nikkei.com/article/DGXMZO22439710Z11C17A0000000/、2020年8月24日アクセス）
・「顧客と新たな価値を創造する日立のデザイン思考【第1回】なぜ、デザイン思考に取り組んできたか」（日立ウェブサイト、https://www.foresight.ext.hitachi.co.jp/_ct/17032093、2020年8月24日アクセス）
・「顧客と新たな価値を創造する日立のデザイン思考【第3回】社会課題解決の支援に役立つ「NEXPERIENCE」」（日立ウェブサイト、https://www.foresight.ext.hitachi.co.jp/_ct/17032186、2020年8月24日アクセス）
・矢口竜太郎「日立がデザイン思考を実践できる「最高位」人材を2.5倍に増員へ」（日経xTECH、https://xtech.nikkei.com/atcl/nxt/column/18/00001/02318/、2020年8月24日アクセス）
・「デザインにぴんとこないビジネスパーソンのための“デザイン経営”ハンドブック」（特許庁、https://www.meti.go.jp/press/2019/03/20200323002/20200323002-1.pdf、2021年1月14日アクセス）
・John Maeda「Design In Tech Report 2017」（https://designintech.report/wp-content/uploads/2017/03/dit-2017-1-0-7-compressed.pdf、2021年1月5日アクセス）
・松岡功「デジタル改革のやり方が分からない——そんな企業を導くアクセンチュアのイノベーション・アーキテクチャとは」（ITメディア、https://www.itmedia.co.jp/enterprise/articles/1801/22/news050_2.html、2021年1月24日アクセス）
・Will Fanguy、デザインビジネスマガジン"designing"訳「Capital Oneはどのように“ユーザーファースト”でデザインしているのか。」（デザインビジネスマガジン"designing"、https://note.designing.jp/n/n3ff802b28569、2021年1月4日アクセス）
・Jamin Hegeman「How I Learned to Stop Worrying and Give Service Design away」（SlideShare、https://www.slideshare.net/secret/gtSpfSiBrvsdux、2020年8月24日アクセス）
・Government Digital Serviceウェブサイト「Government Digital Service」（https://www.gov.uk/government/organisations/government-digital-service、2021年1月4日アクセス）
・「デジタル・ガバメント実行計画」（政府CIOポータル、https://cio.go.jp/digi-gov-actionplan、2021年1月4日アクセス）
・『イノベーションのジレンマ 増補改訂版』クレイトン・クリステンセン著／玉田俊平太監修／伊豆原弓訳（2001年、翔泳社）
・『シン・ニホン AI×データ時代における日本の再生と人材育成』安宅和人著（2020年、ニューズピックス）
・Julie Guinn「Designing in Complexity」（SlideShare、https://www.slideshare.net/sdnetwork/juile-guinn-designing-in-complexity、2020年8月24日アクセス）
・「カスタマーバリューデザイン｜東芝のデザイン」（東芝、https://www.toshiba.co.jp/design/cvd/、2020年8月24日アクセス）
・「任天堂がデザインする、ゲームと親子の関わり方」娯楽のUI公式レポート#3」（発行者、https://careerhack.en-japan.com/report/detail/970、2020年8月24日アクセス）
・厚生労働省「開発した教育訓練プログラム開発（2.IoTを活用した分野）」（https://www.mhlw.go.jp/stf/seisakunitsuite/bunya/koyou_roudou/jinzaikaihatsu/program_development_text.html#IoT、2020年8月24日アクセス）
・「行政におけるサービスデザイン推進に関する調査研究（行政情報システム研究所、https://www.iais.or.jp/wp-content/uploads/2018/03/2017_service_design_report.pdf、2020年8月24日アクセス）」
・「神戸市 生活保護業務のサービスデザイン支援」（株式会社コンセント、https://www.concentinc.jp/works/kobe_service_design_202011/、2020年8月24日アクセス）
・『ネガティブ・ケイパビリティ 答えの出ない事態に耐える力』帚木蓬生著（2017年、朝日新聞出版）

著者紹介

小山田 那由他（おやまだ なゆた）

株式会社コンセント　サービスデザイナー／コンテンツデザイナー
HCD-Net認定 人間中心設計専門家。東京造形大学視覚伝達専攻卒。 デザイナーとしての経歴を生かし、デザイン思考、HCD（Human Centered Design）をベースに、サービスデザイナーとして企業・行政組織のサービス開発・改善支援を行う。 公共分野でのサービスデザインアプローチを研究・実践するコンセント「PUBLIC DESIGN LAB.（https://pub-lab.jp/）」責任編集、HCD-Net 社会基盤SIG副主査、武蔵野美術大学ソーシャルクリエイティブ研究所 客員研究員などを務める。
Twitter：@oymd_nyt

──あとがきに代えて

すでに語り尽くされている感のあるデザイン思考を改めて紹介することは、想像以上に難しいものでした。すべてを語ろうとすれば膨大なページ数が必要になり、かといって簡潔にしすぎると一面的、表層的な紹介になってしまいます。ケーススタディーも、さまざまな文脈で成功事例として紹介されているものを、デザイン思考を実践するうえでどのような点がポイントになるのか改めて読みとくことは想像以上に難しいものでした。

できる限り本質を損なわずに簡潔に説明することを心掛けましたが、万が一間違いがあればそれはすべて著者個人の責任に帰するところです。また、事例の解釈などについても所属・関係する組織の見解ではなく、著者個人の見解であることを記しておきます。

本書がなんとか形になったのは、関係する皆様の多大なるご協力のおかげです。編集担当の塩見さんには度重なるスケジュール調整で多大なご尽力をいただきました。株式会社コンセントの岩楯さん、小稲さんには時間のないなか原稿内容や資料引用について的確なアドバイスをいただきました。心より感謝申し上げます。

最後に本書の執筆を支えてくれた家族、妻の聡美と娘の詩乃に感謝します。まさに現在進行形で本書で言及することは難しかったのですが、コロナ禍で仕事も生活も激変するなか、書き続けるモチベーションと適度な心の寄り道をする機会を与えてくれました。ここに感謝の意を表します。

本書が少しでもデザイン思考を取り入れようとする皆さんの助けとなることを願っています。

装丁　　　木村由紀(MdN Design)

編集長　　後藤憲司
担当編集　塩見治雄

未来ビジネス図解　これからのデザイン思考

2021年3月11日　初版第1刷発行

著者　　　小山田 那由他
発行人　　山口康夫
発行　　　株式会社エムディエヌコーポレーション
　　　　　〒101-0051　東京都千代田区神田神保町一丁目105番地
　　　　　https://books.MdN.co.jp/
発売　　　株式会社インプレス
　　　　　〒101-0051　東京都千代田区神田神保町一丁目105番地
印刷・製本　中央精版印刷株式会社

Printed in Japan

[カスタマーセンター]
造本には万全を期しておりますが、万一、落丁・乱丁などがございましたら、送料小社負担にてお取り替えいたします。
お手数ですが、カスタマーセンターまでご返送ください。

落丁・乱丁本などのご返送先
〒101-0051　東京都千代田区神田神保町一丁目105番地
株式会社エムディエヌコーポレーション カスタマーセンター
TEL:03-4334-2915

書店・販売店のご注文受付
株式会社インプレス　受注センター
TEL:048-449-8040／FAX:048-449-8041

内容に関するお問い合わせ先
株式会社エムディエヌコーポレーション カスタマーセンター メール窓口

info@MdN.co.jp

本書の内容に関するご質問は、Eメールのみの受付となります。メールの件名は「未来ビジネス図解　これからのデザイン思考　質問係」と
お書きください。電話やFAX、郵便でのご質問にはお答えできません。ご質問の内容によりましては、しばらくお時間をいただく場合がご
ざいます。また、本書の範囲を超えるご質問に関しましてはお答えいたしかねますので、あらかじめご了承ください。

ISBN978-4-295-20090-1　　C0034